金融科技平台的投资者决策行为研究

——以借贷型众筹为例

姜 杨 著

科 学 出 版 社

北 京

内 容 简 介

本书针对金融科技平台的投资者决策行为开展研究。全书以借贷型众筹为例，围绕投资者与借款者、同伴投资者、借贷平台以及政策制定者等利益相关者的关系，开展了针对投资者选择借贷平台的羊群行为、同伴感知匿名程度对投资者决策的影响、基于匹配视角的投资者交易对手选择决策以及宏微观因素对投资者出借决策的影响四个方面的研究。

研究成果深化了关于借贷型众筹中投资者决策行为及其机制的理论认识，为借贷型众筹的投资者、借款者、平台以及政策制定者提供了指导建议。

图书在版编目（CIP）数据

金融科技平台的投资者决策行为研究：以借贷型众筹为例 / 姜杨著. —北京：科学出版社，2022.7

ISBN 978-7-03-071702-3

Ⅰ. ①金… Ⅱ. ①姜… Ⅲ. ①互联网络-应用-投资-决策行为-研究-中国 ②互联网络-应用-借贷-研究-中国 Ⅳ. ①F830.59-39 ②F832.4-39

中国版本图书馆 CIP 数据核字（2022）第 032947 号

责任编辑：王丹妮 / 责任校对：王晓茜
责任印制：张 伟 / 封面设计：无极书装

科 学 出 版 社 出版
北京东黄城根北街 16 号
邮政编码：100717
http://www.sciencep.com

北京建宏印刷有限公司 印刷
科学出版社发行 各地新华书店经销

*

2022 年 7 月第 一 版 开本：720 × 1000 1/16
2022 年 7 月第一次印刷 印张：8 1/4
字数：162 000

定价：96.00 元

（如有印装质量问题，我社负责调换）

前　言

金融科技（financial technology，FinTech）是现代信息技术驱动下的重要金融创新。投资者作为金融科技中的重要参与者之一，其投资决策行为不仅直接关系到借款者的筹资需求是否得到满足，还深刻影响着金融科技平台的运行及金融科技市场的健康发展。尽管近年来金融科技的实践活动在全球范围内快速开展，但以金融科技中投资者的决策行为作为研究方向在信息系统研究领域内尚未受到足够的关注。本书以借贷型众筹这种金融科技活动为研究对象，旨在探究借贷型众筹中投资者的决策行为，深化对借贷型众筹中投资者决策行为及其机制的理论认识，为借贷型众筹实践中的投资者、借款者、平台以及政策制定者提供建议。

本书开展了以下几个方面的研究。

首先，分析了投资者在选择借贷平台时的羊群行为。本书利用多个借贷平台的交易数据，通过实证分析得出投资者在选择借贷平台时更倾向于选择那些有较多投资者的平台，即存在追随他人的羊群行为。本书认为投资者的羊群行为会受到平台关注度、平台资金状况以及参与者构成等平台因素的影响，而关于借贷型众筹监管的政策规定的发布则能够降低投资者的羊群行为。本书的创新之处在于不仅从借贷平台层面探究了投资者的羊群行为，而且从羊群行为的角度揭示了借贷型众筹市场中政府及相关部门发布的监管政策和指引与投资者行为的关系，为借贷型众筹市场中投资者的决策行为研究提供了新的视角。

其次，探究了在投资者群体内部具有不同匿名程度的同伴投资者对后续投资者决策的影响。本书选取用户名这种简单且直接的在线身份描述信息，按照匿名程度将投资者分为三种类别，分析了具有类似真名、昵称以及匿名的投资者对后续投资者的影响力的差异。本书结合有限混合模型和多层交叉分类模型，发现后续投资者更愿意追随匿名程度高的投资者群体。现有研究侧重于分析同伴投资者的可观测的投资决策行为本身，而对投资者的在线身份信息关注不足。本书的创新之处在于揭示了以用户名为代表的在线身份信息在投资者决策中的作用并发现了同伴影响行为的异质性。

再次，研究了投资者和借款者在选择交易对手时的匹配问题。本书建立了刻画借贷双方之间匹配关系的模型，利用具有计算简便的优势的极大得分估计方法估计了参数，分析得出投资者和借款者特征的交互决定了他们对交易对手的选择。利用反事实分析考察了不同信息披露政策对参与者层面和市场层面的匹配价值的影响，分析得出若平台实施仅公布借款者的信用分数而保护其个人信息的信息披露政策，则匹配结果与最优匹配相近。现有众筹研究局限于单边分析框架，并不能全面反映投资者的决策。本书的创新之处在于利用匹配框架分析借贷型众筹中投资者的交易对手选择行为。

最后，分析了投资者的投资金额和投资时间如何受到担保物信息及宏观与微观因素的影响。本书利用倾向得分匹配方法构造均衡样本，建立生存模型和投资金额模型考察了担保房产类型信息对投资者投资决策的影响，分析得出与全款房屋担保的借款项目相比，投资者在面对按揭房屋担保的借款项目时，做出投资决策所花费的时间更长且投资的金额也更小。本书也发现投资者的投资活动会受到投资者经验、房价的涨跌以及股票市场的波动等因素的影响。现有研究主要集中在基于纯信用的借贷型众筹且主要关注微观因素对投资者决策的影响，而对具有担保物这类借贷型众筹活动及外部市场的宏观因素探究较少。本书的创新之处在于利用担保物的借贷型众筹活动将微观层面的投资者决策和房价及股市等宏观影响因素联系起来，较为全面地分析了投资者的投资决策行为。

本书受国家自然科学基金项目（72001103、72025101、71729001）资助。由于时间和水平有限，书中难免存在不足之处，恳请广大读者批评指正。

目　录

第1章 绪　论

1.1 研究背景与意义

1.1.1 研究背景

随着互联网技术与金融的融合，金融科技出现了，它深刻地影响了社会各领域特别是与资金、价值和信任等相关的行业。据国际咨询机构毕马威发布的《金融科技脉动》2020上半年度报告，2020年上半年全球创投业对金融科技的投资金额达200亿美元①。中国金融科技领域投资也快速增长，成为与美国并列的全球金融科技市场之一。花旗集团（Citigroup）报告显示，在金融科技领域，每投资10美元，这两个国家加起来就占9美元。由于现有的支付系统相对薄弱，而现有的消费者银行也薄弱，这使得大量创新、变革和新进入者涌现。

金融科技经历了不同的发展阶段[1]。第一阶段是从1866年前后到1967年。该阶段的特点是金融服务与技术紧密联系，但仍然是利用模拟信号技术。金融科技的第二阶段是从1967年持续到2008年。数字技术特别是通信和处理交易的技术的发展加速了金融业数字化的转变。截至1987年，不少发达国家的金融服务不但变得全球化而且高度数字化。在该阶段内，传统规范化的金融服务行业掌握着金融技术，它们利用技术提供产品和服务。金融科技的第三阶段始于2008年。在这一阶段新的企业和已有技术公司开始直接向商业和消费者提供金融产品和服务。2017年至今，金融科技的发展处于第四阶段。该阶段的特点是金融科技公司和金融科技倡议更多地与传统金融机构联系。金融科技企业的数量更多，它们与传统提供商之间的联结也更为复杂。具体而言，从技术的角度看，金融科技是系统化的技术解决方案；从行业的角度看，金融科技是金融倡议和既有金融系统的结合。

在实践中，金融科技呈现多种业态。依据巴塞尔银行监管委员会（Basel Committee on Banking Supervision，BCBS），金融科技可以分为支付结算、存贷款与资本筹集、投资管理以及市场设施四类。其中，支付结算类的平台包括PayPal

---

① 《〈金融科技脉动〉2020上半年度报告》，https://home.kpmg/tw/zh/home/insights/2020/09/pulse-of-fintech-h1-20-aspac.html[2022-02-23]。

和支付宝等；存贷款与资本筹集类的平台则包括各种借贷型、股权型众筹平台等；投资管理类的平台包括京东智投、理财魔方和摩羯智投等；市场设施类涉及分布式记账、大数据、云计算等技术基础设施。

在学术界，不止金融领域的学者[2-3]，管理科学及运营管理领域的学者也认识到开展金融科技研究的重要性。该领域内的顶级期刊也相继推出了金融科技的专题。例如，《信息系统研究》（*Information Systems Research*）和《制造和服务运营管理》（*Manufacturing & Service Operations Management*）[4-5]。在众多的研究课题中如何系统地分析投资者的决策行为仍然是重点和难点。首先，投资者的投资决策行为具有复杂性。Nicoletti 在其著作《金融科技的未来：将金融和技术整合到金融服务》中给出了较为完整的金融科技生态系统框架[1]。如图 1-1 所示，该生态系统涵盖了需求、资本、智力、政策和解决方案五个方面的金融科技活动的参与者。投资者作为金融科技生态系统的重要参与者，其决策行为受到其他各方的影响和制约。其次，探究投资者的投资决策行为是制定各种政策法规的需要。各国政府或行业监管部门发布了金融科技行业的法规以保护参与者的利益。例如，美国的《创业企业扶助法》（The Jumpstart Our Business Startups Act，or JOBS Act）。本书立足学术视角，旨在综合考虑投资者与平台、借款者、政策监管者之间的关系，探究金融科技活动中投资者的决策行为，以期为金融科技行业的持续发展提供建议。

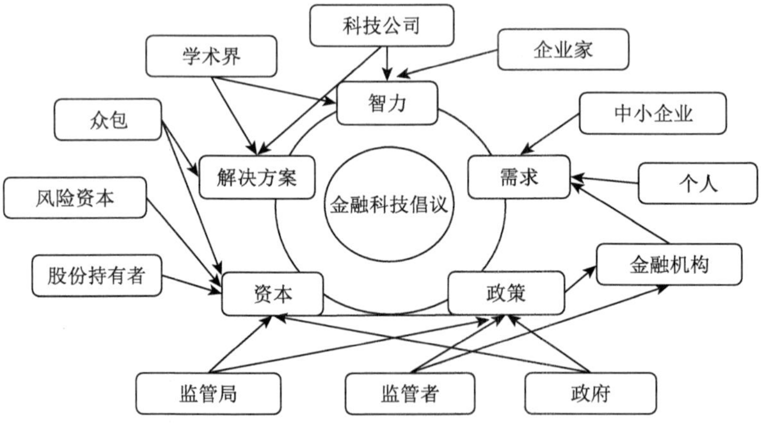

图 1-1 金融科技生态系统

本书将围绕借贷型众筹这一存贷款及资本筹集类的金融科技平台，针对投资者在该类平台的投资决策行为开展研究。借贷型众筹利用互联网平台作为信息中介撮合借贷双方的交易，它主要用于满足小型、微型借款需求。全球首家借贷型众筹平台 Zopa 于 2005 年 3 月诞生于英国伦敦，随后，借贷型众筹业务风靡全球，产生了一批成功的借贷平台，如 Prosper、LendingClub、Funding Circle 等。我国最早的借贷型众筹平台拍拍贷于 2007 年 8 月成立于上海，随后众多借贷平台，如人人贷、有利网、宜贷网等纷纷涌现并持续运营。就全球范围来看，借贷型众筹市场在 2014 年到 2019 年的复合年增长率为 25%；该市场的规模预计到 2027 年将达到 5589.1 亿美元，预计在 2020 年到 2027 年间实现 29.7%的复合年增长率。

借贷型众筹的出现和发展极大地变革了传统的借贷活动[6]，给平台和借款者均带来了机会。借贷型众筹的基本交易流程是借款者通过借贷平台发起借款需求并填写个人信息，随后平台审核借款者提供的信息的真实性。那些通过审核的借款项目会在网站公布，投资者可以在线获取项目信息并通过借贷平台进行投资。从各借贷型众筹运营模式来看，借贷平台在交易中担任信息中介而非直接参与借贷交易；从借款者的角度来看，借贷型众筹这种融资模式为满足中小企业和个人的个性化融资需求提供了新的融资渠道，是对现有金融服务体系的补充。

从本书研究关注的投资者的角度来看，借贷型众筹活动则是机遇与挑战并存的新型投资方式。借贷型众筹给投资者带来的机遇主要体现在以下方面：一是投资门槛较低。传统的金融投资产品由于门槛相对较高、投资风险较大、品类繁多、政策信息与专业技术要求高，从而在一定程度上抑制了投资者的投资积极性，而借贷型众筹平台中的项目具有较低的投标份额，能提供较高的投资收益率，能满足投资者使用小额闲散资金进行投资的需求，这使其成为新兴的投资产品。二是网络环境下信息更加公开。网络借贷平台作为信息中介提供了较多的公开信息，这为投资者自主决策提供了便利。投资者可以看到借款项目（借款金额、利率、期限等）和借款者的信息（网站的历史交易信息和个人信息如性别、年龄、职业等），同时投资者也可以观察到有关同伴投资者的信息。例如，针对感兴趣的项目，投资者可以获得既有投资者的用户名、投资时间和投资金额等信息。

关于挑战，投资者在借贷型众筹中进行投资也面临着各种问题，承担着违约风险。首先，信息不对称问题依然突出。即便在网络环境下，关于借款者的众多信息被借贷平台公开，投资者仍然是掌握信息较少的一方。信息不对称增加了投资者决策的难度。其次，投资者也面临着信息过载的问题。网站上公开的信息数量多、类型多、展示的方式各异。而个体投资者往往受到时间和精力的限制而难以处理这些信息[7]。此外，由于大多数的借贷平台所提供的项目都是在纯信用的基础上进行的，一旦借款者违约，投资者将遭受资金和收益损失。

本书将针对投资者在借贷型众筹活动中的投资决策行为开展研究。特别地，各章内容将围绕投资者及其与利益相关者的关系展开。这里与投资者相关的个人或组织主要包括借款者、同伴投资者、借贷平台、政府及相关部门。其中，借款者作为借款项目的发起者是投资者在借贷型众筹市场的直接交易对手，其提供的借款条件和自身的特征直接影响到投资者的决策行为，其还款情况直接影响到投资者承担的风险和获得的收益；同伴投资者是与投资者共同投资于同一借贷平台和同一项目的其他投资者，他们与投资者是风险共担的关系；借贷平台作为信息中介，其自身的运营状况影响到投资者资金的安全，其信息披露政策影响到投资者决策可依据的信息类型和数量；政府及相关部门发布关于借贷型众筹市场运行的指导意见和规范等，可以增加投资者对借贷型众筹活动的认知，影响投资者对该类活动收益和风险的评估，进而影响到投资者在面临众多的借贷平台或借款者时的投资决策行为。具体而言，本书将开展以下四个方面的研究。第一，投资者在选择借贷平台时是否存在追随其他投资者的羊群行为。若存在，那么借贷平台的特征、政府及相关部门发布的监管规定和指引是否会影响投资者的羊群行为。第二，投资者的在线身份信息和投资者群体的影响力的关系如何。具有不同匿名程度的同伴投资者是否对后续投资者的投资决策行为具有不同影响。第三，借贷型众筹市场中投资者和借款者匹配的决定因素有哪些。若借贷平台采用不同的信息披露政策会对参与者和市场的匹配价值产生怎样的影响。第四，投资者在进行投资决策时是否会考虑担保物类型。若考虑，他们的反应是否受到自身投资经验和外部市场表现等因素的影响。

1.1.2 研究意义

1. 理论意义

本书丰富了现有的理论和研究，主要包括了借贷型众筹中的投资者行为规律、用户信息披露和在线隐私、在线双边市场匹配等方面。

首先，针对平台层面的投资者羊群行为所开展的研究丰富了信息系统领域现有的羊群行为研究。羊群行为虽然在信息系统领域已经受到关注，但关于众筹活动中的羊群行为研究尚较少且主要集中在借款项目层面。本书则着重研究投资者在平台层面的羊群行为，证明了投资者在选择借贷平台时存在羊群行为。此外，针对平台特征和相关监管规定对羊群行为的调节作用的分析也为理性羊群行为提供了支撑。

其次，本书丰富了信息系统领域中关于用户信息披露和在线隐私的研究。现有研究主要关注项目发起方的信息披露，如详细的项目描述，关于投资者的信息披露研究较少。本书的研究重点分析投资者的在线身份披露并衡量具有不同匿名程度的同伴投资者的影响力。此外，现有研究主要针对少数群体采用问卷调查等方式探究个人和机构之间的在线隐私问题，而本书则探究了在网络环境中用户在线身份的匿名程度对用户内部追随行为的影响。

再次，关于投资者和借款者之间的匹配问题的研究则丰富了众筹和双边市场的相关研究。借贷双方的匹配是众筹市场运行的基本机制，但是现有众筹研究中多在单边框架下进行分析，尚未有从双边市场匹配视角分析参与者行为的研究，既有双边市场研究也未涉及众筹领域。本书提出了投资者和借款者的匹配模型，探索了决定投资者和借款者之间匹配关系的因素，并挖掘了众筹平台的信息披露政策对市场匹配的影响。

最后，本书探究了具有担保物的借贷型众筹中投资者的投资金额和投资时间，并在此基础上考察了各种宏微观因素的影响。具有担保物的借贷活动是传统线下的借贷活动和在线的借贷活动的结合，而现有研究中多关注基于纯信用的借贷型众筹，忽略了具有担保物的借贷活动。本书分析了在线投资者对担保物信息的反应，并挖掘了上述反应如何受到自身投资经验和外部市场表现的影响。

2. 现实意义

本书的研究对投资者、借款者、借贷平台、政府及相关部门的监管等借贷型众筹活动的利益相关者均具有现实意义。

第一，研究相关监管规定和指引的发布对投资者羊群行为的影响将为政府及相关部门实行投资者教育和指导借贷市场的健康发展提供建议。通过对不同类型的监管政策进行分析得出投资者会根据监管范围和细则调整自身投资决策行为，他们的羊群行为会随着信息的增加、借贷型众筹市场逐步完善而减弱的结论。该结论的启示是政策制定者或监管者可以根据借贷型众筹市场的发展情况及时地推出规范借贷型众筹活动的规定或指导意见，从而起到投资者教育的作用。

第二，分析投资者在线身份信息和同伴投资决策行为的影响之间的关系有助于识别借贷平台中具有影响力的用户群体。研究表明用户名作为个体在网络环境中的一种在线身份会影响借贷平台中其他投资者的判断和投资决策行为。借贷平台可以赋予用户自行设定用户名的权限。这类在线身份信息的披露不仅有利于平台中的其他个体通过这种方式来获取关于陌生人的在线身份信息，平台自身也可以识别出有影响力的用户，从而进行相应的消息推送。

第三，关于投资者和借款者匹配关系的研究对借贷平台制定信息披露策略具有借鉴意义。同其他网络平台类似，借贷平台既需要加强借款者的信息披露来保护投资者的利益，又需要尽可能地保护借款者的个人信息。就市场匹配价值而言，平台可以仅披露信用分数而保护借款者的个人信息，并且规模大的市场适合披露统一的信息，而规模小的市场则可以披露多样的信息，这意味着平台需要根据市场规模的大小找到合适的信息披露策略。

1.2　国内外研究回顾

本节将从众筹相关研究、羊群行为研究以及市场匹配相关研究三个方面对国内外研究文献进行梳理和总结。众筹相关研究为研究借贷型众筹提供了基础，羊群行为则为研究借贷型众筹投资者的投资决策行为提供了切入点，而双边市场研究则有助于从市场结构方面探究借贷型众筹中投资者的行为。

1.2.1　众筹相关研究

近年来，众筹平台以其创新的交易模式、开放的交易数据吸引了许多学者的关注。在实践中，众筹主要包括四种类型，即奖励型众筹、借贷型众筹、慈善型众筹以及股权型众筹。它们共同的特征是利用市场一方的大众的智慧来支持市场另一方的众筹需求[8-10]，主要的参与方包括：借款者或筹资者、投资者或支持者、平台等[11-12]。本节将从借款者众筹成功的决定因素、借款者筹资策略和机制研究、投资者决策行为相关研究以及借贷型众筹平台层面的研究四个方面对现有众筹文献进行梳理。

1. 借款者众筹成功的决定因素

已有众筹研究考察了影响项目成功的各种因素，既包括借款项目的基本信息，如借款金额、借款利率等，也包括借款者的财务信息、自然属性特征和自行披露的信息等。

关于借款项目要求必须提供的信息，Puro 等研究表明在最终的借款利率和借款成功与否之间存在取舍关系。借款者选取较低的起始利率虽然可以降低最终的利率但是也降低了其借款成功的概率[13]。Iyer 等发现投资者可以利用借贷型众筹市场中提供的丰富信息有效推测出借款者的可信度。相比于信用分数，投资者设定的利率能够更加准确地预测借款者的违约率。非标准化的信息在投资者甄别项目的过程中起到重要作用，特别是质量较差的项目[14]。傅彦铭等利用 LendingClub 的数据，采用支持向量机方法对借款者的信用风险进行建模评估[15]。Pope 和 Sydnor 研究得出借款者在照片中展示的特征和描述会影响他们在 Prosper 上的借贷。具体而言，借款者没有给出照片或者照片中显示了特定特征（如高龄、情绪）的借款者在借款时会受到歧视。而照片显示为女性或者具有军人特征的借款者则受到青睐[16]。Duarte 等研究了借款者外貌所带来的信任感对投资者决策的影响。他们发现那些看起来更加可信的借款者比那些看起来不太可信的借款者更有可能获得借款且支付更低的利率。尽管那些看起来更可信的借款者的确有更高的信用分数和更低的违约表现，但投资者要求的利率仍然要高于借款者的实际违约情况[17]。Ravina 在控制了财务信息、雇佣情况和信用历史等信息后，发现个体特征及其展示方式会影响借款项目成功的概率和成交利率。长相一般的投资者借款成功的概率较低且需要支付较高的利率，即便他们可能有更低的违约概率。投资者更愿意投资于同种族的借款者，而对非同种族的借款者要求更高的利率[18]。Barasinska 和 Schäfer 利用研究发现性别并不能显著影响借款者获得投资的机会，因而性别歧视是个别平台的现象而非借贷型众筹平台的普遍特征[19]。Herzenstein 等的研究表明与借款者努力相关的因素（如关于借款需求的描述、还款能力）和财务指标（特别是较高的信用等级）能够直接影响借款成功的可能性，而人口自然属性特征（性别、种族）对借款成功影响几乎没有影响，即便有影响也是很小的影响[20]。

除了借款项目要求必须提供的信息外，借款者自行披露的描述性、非标准化的信息对项目筹资活动的影响也受到了越来越多的关注。上述信息通常被称为“软信息”，这类信息是相对于借款基本信息、财务状况、信用分数、借款者的个人信息等容易标准化和量化的“硬信息”而言的其他信息[21]。现有研究从内容和语言形式的角度考察了借款者自行披露的信息的作用。就信息内容而言，Herzenstein 等研究了借款者身份的描述声明与投资者决策和借款项目表现之间的关系。他们分析了包括可信度、经济状况、勤奋、成功、道德以及宗教在内的六种身份声明，得出的结论是借款者披露的身份信息的数量与投资者的投资可能性成正比而与其偿还表现成反比[22]。就信息的语言形式而言，Dorfleitner 等从拼写错误、文本长度、社会性或情感内涵的关键词三个方面分析了借款者提供的描述信息。他们发现这些文本特征可以预测借款项目筹资成功的概率，但是在控制筹资成功率后这些特征不能预测借款项目的表现[23]。类似地，Gao 等使用机器学习和文本挖掘技术提取并量化了借款者借款需求描述文本中的语言特征。他们发现文本的可读性、积极性、客观性以及欺诈线索能够反映借款者的可信度并预测借款项目的表现[24]。Pötzsch 和 Böhme 使用德国借贷型众筹平台的数据对借款者自愿披露的借款描述中包含的个人信息及表述风格进行文本分析，研究得出在控制了借款者的信用和借款历史等信息后，那些包含了亲社会行为的文本描述信息仍然能够影响借款利率[25]。郑海超等以股权众筹网站大家投为研究对象，从项目的不确定性、项目估值以及人力资本三个主要方面出发，探究了项目融资绩效的影响因素[26]。

2. 借款者筹资策略和机制研究

社交媒体的快速发展使筹资者更容易利用社交网络的力量获取新用户。Hong 等研究了众筹活动中筹资者的社交媒体分享或推荐策略[27]。该研究探究了众筹项目的社交媒体分享量如何影响其筹资表现。其理论框架考虑了网络嵌入性和项目性质两种特征。关于前者，该研究为每个众筹项目构建了一个社交网络，汇集了每天在 Twitter 上分享有关某个众筹项目信息的相关用户，然后使用可传递性和拓扑重叠来刻画网络嵌入性。关于后者，该研究主要根据众筹项目描述中的亲社会用词的比例来界定项目的亲社会性，同时也依据众筹项目的类别来界定其亲社会性。研究数据包括 Kickstarter 上众筹项目的每日筹资金额数据和 Twitter 上关于相应众筹项目的分享数据。研究结果表明，与众筹项目相关的社交媒体分享量对该项目的后续筹资表现具有正向影响。网络嵌入性及项目的亲社会性则进一步放大了上述积极关系。除了上述关于社交媒体分享的总价值研究之外，Burtch 等研究了筹资者在筹款过程中最佳的推荐时机[28]。该研究基于有限马尔可夫决策过程模型，建立了三种模型描述筹资者的最佳时机策略。其中，凸模型描述了筹资者在任何给定时期内都不应该发送推荐链接或不发送任何推荐链接；凹模型描述了筹款者在筹款过程中进行推荐是最理想的；S 曲线模型则表明筹款者在筹款期的开始和结束时进行推荐效果较好。该研究利用众筹平台 Indiegogo 的数据发现：S 曲线模型拟合数据的效果最好，并且 S 曲线模型的拟合效果在不同活动子群体中始终优于凸模型和凹模型。Jiang 等利用奖励型众筹平台的推荐活动数据建立实证模型，分析了众筹项目的社交媒体分享对项目的筹资表现的影响，并进一步分析了项目分享量对同一筹资者发起的项目、同类别的项目筹资表现的溢出效应[29]。该研究发现社交媒体分享量能够正向影响项目筹资成功率；某个项目的社交媒体分享量对同一发起人的其他项目的筹资成功率具有正向溢出，而对不同发起人的项目的筹资成功率产生蚕食效应；某个项目的社交媒体分享量对同一类别中的其他项目的筹资表现具有蚕食效应。

众筹奖励设计可能会影响支持者对其项目的需求，进而可能会影响项目的筹款绩效。众筹中的奖励是指筹资者提供给投资者或支持者的一系列产品。在最新的研究中，学者关注了筹资者在进行众筹奖励设计时引入稀缺性或不确定性的策略。Yang 等利用众筹平台 Kickstarter 的数据，探究了稀缺性奖励策略对筹款结果的整体影响和动态影响[30]。稀缺性奖励策略使筹款者可以限制每个奖励级别的支持者数量，即设置奖励限制。该研究基于产品稀缺性和消费者心理的相关文献，着眼于限量版、价格折扣和抢先体验这三类不同形式的奖励限制。研究结果表明奖励限额在筹款初期具有积极作用，且奖励限额数量与项目筹款绩效之间呈倒“U”形关系。该研究的进一步分析表明稀缺效应主要来自限量版和价格折扣。其中，增加有限奖励等级对资金筹集产生积极影响，而减少价格折扣奖励会给资金筹资带来消极影响。Gong 等分析了筹资者采用不确定奖励策略的影响[31]。该研究利用众筹平台上的功能更改事件：筹资者可以决定在设置奖励选项时是否提供彩票奖励，即支持者付出很小的代价来赢得具有预设概率的奖励。结果表明，具有彩票奖励的众筹活动可以吸引更多的支持者，即激励作用，但是却减少了筹集的总额和成功概率，即蚕食作用。该研究进一步提出支持者对奖励不确定性的反应取决于他们的动机。出于内在动机的支持者比出于外在动机的支持者更有可能投资彩票奖励。为了检验该观点，该研究依据支持者先前的投资趋势将支持者分为出于内在动机的捐赠者和出于外在动机的受赠者。结果表明，具有彩票奖励的众筹项目更可能吸引那些捐赠者而不是受赠者，这为不确定奖励情境下的支持者决策提供了新的证据。

3. 投资者决策行为相关研究

除了借款项目及借款者提供的信息外，现有研究也关注投资者行为及其对借贷活动的影响。一类研究关注投资者的特征。例如，Puro 等研究了 Prosper 平台中的投资者的决策策略。他们分析了单一标的策略和多标的策略两大类下的九种投资策略并探究了投资经验和信用等级的影响[32]。毕功兵等分析了投资者的到达顺序和策略延迟行为及其对发起人激励策略的影响[33]。这里的策略延迟是指投资者选择拖延到项目后期，在确认项目较可能成功的情况下再投资的搭便车行为。该研究建立了两阶段模型，刻画了在没有策略延迟和存在策略延迟两种情形下的投资者的行为。另一类较多的研究则考察了投资者的决策如何被其他决策者影响。例如，线上和线下的朋友网络、同一地理区域的投资者网络以及投资于同一项目的投资者内部等。借贷型众筹市场里信息不对称问题依然突出，对于单个投资者而言，仅仅获取关于借款项目和借款者的信息是不够的。他们在做出投资决策时也会关注其他投资者的行为。Lin 等基于逆向选择、信号理论以及社会资本理论，研究了不同类型的朋友关系对借贷型众筹交易结果的影响[21]。该研究从朋友角色、与投资者或借款者的关系、是否投标、是否投标成功等角度剖析了在线朋友关系的层级结构，分析表明在线朋友关系可以作为传递项目质量的信号，朋友关系能够提高项目筹资成功的可能性，降低筹资所需的利率，并且朋友关系与较低的违约概率相联系。该研究表明在借贷型众筹这种去中介化的交易活动中，平台可以向投资者提供借款者的朋友关系等“软信息”，帮助他们缓解信息不对称及逆向选择带来的影响。Liu 等则利用国内借贷平台拍拍贷数据研究了朋友关系在借贷型众筹活动中的作用。该研究基于交流的渠道和社交网络关系强度将朋友关系分为三类，分别是线下强关系、线下弱关系以及线上关系。他们的研究发现借款者的朋友比陌生人更容易借钱给借款者，来自借款者的朋友的认证对后续投资者的决策具有反向影响。若投资者的朋友对项目投标，则该投资者更倾向于投标[34]。Kim 和 Viswanathan 研究了应用程序开发的众筹平台中大众投资者的行为和专家投资者的行为对后续投资者决策的影响[35]。他们发现投资者跟随前面的投资者投资决策行为是复杂的：对于仍然处于概念阶段的应用程序项目，投资者会倾向于跟随具有应用程序开发经验的专家的决策，而对于已经完成开发处于营销阶段的项目，投资者则会跟随具有丰富投资经验的投资者的决策。Lin 和 Viswanathan 考察了借贷平台在正常运营、由于政策限制投资仅对一个州的投资者开发的自然实验以及借款者在州之间迁移的准实验这三种情况下投资者的投资决策行为。该研究表明借贷型众筹市场中的投资者更可能投资于与他们在同一州的借款者，即本土偏好[36]。Burtch 等关注了前面投资者的投资决策对后面参与者决策的影响[37]。在该研究中，新闻工作者在众筹平台发布项目，筹集出版作品所需的资金，因而众筹项目具有公共产品的属性。该研究利用单位时间段内的平均投资金额构造了投资频率变量，并用以检验两种可能的投资者行为模式。一种是前面的投资频率会引起后面投资者的合作或互利行为，表现为增强模式；另一种是前面的投资会挤出后面投资者的投资，表现为替代模式。研究结果证明了替代模式占主导，即投资者从特定项目投资中获得的边际效用会因其他人的投资而降低。这也说明利他主义是投资者进行投资的重要动机。Zhang 和 Liu 研究发现在控制了不可观测的项目异质性和收益的外部性后，那些有较多投资的项目更容易收到更多的后续投资，即羊群效应存在[38]。刘志迎和彭宝安利用奖励性众筹网站众筹网的数据探究了投资者在进行投资时候的羊群行为及其影响因素[39]。

4. 借贷型众筹平台层面的研究

学者也关注平台层面的借贷型众筹研究，他们考察了不同的平台机制，如借款项目定价、信任、激励设计及其对参与者的影响。例如，Chen 等分析了美国代表性借贷平台 Prosper 在 2005 年至 2010 年采用的竞拍定价机制[40]。在拍卖定价下，标的按次序提交到平台，每加入一个新的标的，平台会依据投资者提供的利率由低到高分配借款金额，直到借款金额或者投资者分配完毕。待最终分配完毕时，平台会按照部分成交的投资者提供的利率确定统一的利率。他们通过理论建模准确地描述拍卖均衡情况下投资者的付款情况，分析表明当投资者寻求自身利润最大化时借款者要支付更多，该结论在完全信息和非完全信息的情况下均成立。Wei 和 Lin 研究了借贷型众筹中的两种定价机制：竞拍和固定价格。该研究首先建立理论模型对这两种定价机制进行比较，认为固定价格机制分配给借款者的利率要高于他们在竞拍机制中提供的保留利率，其次该研究利用 Prosper 定价机制变动前后的数据，比较借款项目的初始利率、筹资成功的概率、合同利率以及借款项目违约的概率。结果表明固定定价机制虽然在短期内能够提高筹资成功的概率，但借款者需要支付更高的利率且违约概率更高，因而长期来看固定价格会带来社会福利的净损失[41]。Greiner 和 Wang 基于详尽可能性模型（elaboration likelihood model，ELM），考察了借贷型众筹活动中的信任建立机制。他们的理论框架中的核心路径包括借款者的信用等级等经济状况特征，外围路径包括小组评分等社会资本及借款描述等项目信息。实证研究结果表明借款者的经济状况、信用分数等核心的因素，借款项目的质量和借款者的社会资本等外围因素能够影响投资者的信任行为[42]。关于激励政策，Hildebrand 等分析了小组领袖的激励政策的改变，即平台对小组领导奖励的废止的影响及相应的借款项目的表现。他们发现在奖励存在的情况下，小组领袖投标的借款项目会被认为质量高，投资者会要求较低的利率，但这些项目其实具有较高违约概率。而只有当小组领袖自身也参与其中或者奖励被废止的情况下违约概率才递减[43]。

此外，少量研究也探索了借贷型众筹这类金融创新活动与传统借贷活动及宏观经济影响因素的联系。例如，Butler 等研究了借款者的在本地信贷市场可获得的信贷状况对其支付意愿的影响，他们发现若借款者能够在本地银行获得贷款则他们在借贷型众筹活动中给出的借款利率较低，并且本地银行资金的可得性对于那些资信状况较差的借款者影响更显著[44]。Ramcharan 和 Crowe 使用 Prosper 数据研究发现房价变动会影响借贷型众筹活动，他们发现在房价下降的州的房屋拥有者面临更高的利率和信贷配额，但也会更快违约。那些资产状况已经较差的次级借款者受到的影响更大[45]。郑志来分析了网络借贷对商业银行的影响[46]。此外，也有研究分析了借贷型众筹平台乃至借贷型众筹活动的监管[47-50]。张致宁和张戬利用博弈理论对借贷型众筹参与者决策进行了建模分析，该研究发现了政府及相关部门的监管在借贷活动中具有重要的作用[12]。

1.2.2 羊群行为相关研究

个体在群体决策中的羊群行为受到了广泛的研究关注[51-53]。本节主要梳理与本书研究密切相关的三个方面研究，包括金融和信息系统以及借贷型众筹领域中的羊群行为研究。

1. 金融和信息系统领域的羊群行为研究

在经典的金融研究中，羊群行为描述的是个体追随其他人的行为，这种追随行为即使在他们的私有信息表明应该采取不同的行为的情况下仍然存在。Scharfstein 和 Stein 建立了理论模型分析了导致管理者羊群行为的力量，该研究认为对于关注自身声誉的管理者而言效仿其他管理者的决策是理性的[54]。Banerjee 通过建立基本模型研究了个体顺序决策过程的背后的理性并对基本模型进行了扩展和修正[55]。羊群行为的产生既可能是由于个体忽略自身拥有的私人信息而追随那些拥有有价值的私人信息的其他个体，即社会学习，也可能是其他人的决策收益直接影响到他自身的决策收益，即社会效用。Bursztyn 等通过与金融经纪商合作，设计了区分这两种机制在社会影响在金融决策中发挥的作用的实验[56]。他们随机决定两个同伴中的一个成员是否能够拥有金融资产，然后针对另一个成员随机设定为没有收到有关第一个成员的信息或者被告知第一个成员的购买资产的意愿及相应的最终购买行为。该研究得出社会学习效应和社会效用效应都在统计和经济意义上显著影响投资决策。他们通过后续的调查研究发现在第一个投资者具有复杂金融知识，第二个投资者没有复杂的金融知识的情况下，这种社会学习的影响是最大的。其他研究也对不同金融决策情境下的羊群行为进行了分析，包括首次公开募股、证券分析师决策以及股票收益分布的厚尾特征与羊群行为[57-59]等。

信息系统领域的学者也关注了各种在线活动中用户决策的羊群现象。在线活动中用户的投资决策行为变得公开可见，在线商品评论等信息更加容易获得，这都可能影响到后面用户的决策。Walden 和 Browne 分析了电子商务技术采纳过程中的信息瀑布现象，该研究表明追逐潮流的行为是在决策不确定环境下的理性反应[60]。Duan 等利用固定效应模型考察了在线软件采纳决策中的信息瀑布现象[61]。他们发现软件的下载排名和受欢迎度信息对用户软件的选择具有重要影响，证明了羊群行为的存在。Chen 的研究表明用户在在线图书平台上的购买决策受到图书产品的排名和其他用户选择的影响[62]。他们发现来自其他用户的推荐比专家推荐对用户购买决策的影响力更大。Simonsohn 和 Ariely 针对 eBay 上的 DVD（digital versatile disc，数字通用光盘）拍卖决策开展的研究表明即使较多的投标并不能诊断拍卖的质量，没有经验的投标者仍然会聚集到那些具有较多投标的拍卖项目中，表现出非理性的羊群行为[63]。他们发现在给定当前价格的情况下，拍卖的起始价降低能够增加收到额外投标的概率；在给定投标金额的前提下，那些参与非理性羊群的投标者赢得拍卖的可能性更低，即便赢了也要支付较高的价格。而有经验的投标者参与非理性羊群的倾向较低。Lee 等研究了来自陌生大众的电影评分和来自用户的朋友的电影评分对用户的评分的不同影响[64]。研究发现来自陌生大众的评分能够引发后面用户评分的羊群行为，但是这种影响的方向因电影的受欢迎程度而异。与之相对的是来自朋友的评分总是能够带来羊群现象，说明社交网络的存在能够降低用户追随大众评分的羊群倾向。此外，用户的朋友数量与其评分具有正向关系。

2. 借贷型众筹领域中的羊群行为研究

现有研究关于借贷型众筹中投资者羊群行为主要涉及羊群行为的存在性和理性与否两个基本问题，研究的视角则包括整体的羊群行为与来自不同类型的投资者的异质性羊群行为。

该领域研究的代表性文献是 Zhang 和 Liu 使用项目收到的累积投资金额来度量羊群行为，他们的研究发现在控制了不可观测的异质性和收益的外部性后投资者更愿意投资于那些已经收到较大投资金额的借款项目[38]。该研究证明了借贷型众筹中的投资者群体的羊群行为是理性的。他们观察前期投资者的投资金额，并根据不同项目特征调整羊群行为。特别地，不利的借款特征，如较低的信用等级，会加速投资者的羊群行为，因为投资者会认为借款者的可信度等是既有投资者羊群行为背后的原因。与之相反，有利的借款特征，如朋友认证，则会减弱投资者的羊群行为，因为投资者会将羊群行为归因于这些可观察到的优势。陈冬宇和郑海超利用国内借贷平台的数据进行了实证分析，他们的研究得出投资者在借贷平台上进行投资时存在羊群行为，且羊群行为呈现出非理性的特征[65]。Liu 等通过分析拍拍贷平台中的投资者投资决策行为发现了关系型羊群现象。具体而言，当借款项目的既有投资者中包括潜在投资者的朋友而非陌生人的时候，投资者更愿意投资该项目。并且，这种投资决策中的羊群现象在线下朋友关系中比在线上朋友关系和陌生人关系中更明显[34]。

其他相关研究包括 E. Lee 和 B. Lee 利用韩国借贷型众筹平台的数据建立多元 logit 市场份额模型考察投资者的羊群行为，研究发现具有较高投资者参与率的项目能够吸引更多的后续投资者[66]。Herzenstein 等将羊群行为界定为收到额外一笔投资的可能性，他们发现投资者的羊群行为具有策略性。在借款项目尚未达到其目标筹资金额前，投资者更愿意投资于那些已经收到较多投资的借款项目，随后羊群行为消失。同时，该研究发现这种策略性羊群行为与借款项目的后期绩效显著正相关[22]。Luo 和 Lin 利用连续两笔投资之间的时间间隔分析了投资者的羊群行为，研究得出投资者倾向于那些有较多投资及朋友投资的项目，但是他们的投资收益会减少[67]。曾江洪和杨帅以拍拍贷借贷平台的投标记录为样本，对投资者的投资决策行为进行了分析研究并证实了理性羊群行为的存在[68]。

1.2.3 市场匹配相关研究

借贷型众筹市场属于在线双边市场。市场中的交易双方分别是投资者和借款者。本节将根据匹配均衡和估计方法、不同类型的市场的匹配梳理相关文献。

1. 匹配均衡和估计方法

现有匹配模型假设观察到的匹配结果是配对稳定均衡的，即在市场均衡的情况下，没有参与者愿意放弃现有的伙伴而选择新的伙伴。这种均衡假设在不同的情境下得以证明和应用，包括医疗市场中的申请者和职位、经理与公司、广告商及商家等[69-71]。例如，Pan 对劳动力市场中经理与公司之间的匹配关系进行了建模分析[69]。该研究假设同一决策主体（经理或公司）与不同的交易伙伴组成配对会产生不同的生产力；劳动力市场是配对稳定均衡的，没有配对的双方无法通过组成反事实配对而获得更多收益。结构参数估计结果揭示了经理和公司特征之间的互补性影响着匹配。大型、多元化及研究密集型公司支付给高管更多的薪酬是因为与他们匹配的是有才华的、具有更多跨行业经验和容易创新的经理。这些公司出价超过竞争公司，因为他们可以从经理的管理技能中获得更高的边际生产力。具有高估计生产率的配对的异常回报和高管任期较高，这表明公司和经理都可以从匹配中获益。Wu 利用国内广告营销平台阿里妈妈的数据，研究了广告商和淘宝商家之间的多对多的匹配问题，即广告商标价出售广告位给潜在的淘宝商家，然后商家根据标价选择广告商从而完成匹配。这与借贷型众筹活动中投资者与借款者之间的多对多交易相似。在借贷型众筹活动中，借款者以一定的借款条件向潜在的投资者发布借款项目，然后投资者根据借款者给定的条件在众多的借款者中选择交易对象。该研究证明了广告商和商家之间存在配对稳定均衡[71]，为本书研究采用配对稳定的市场均衡概念及推导投资者和借款者之间的配对稳定条件提供了支撑。该研究发现商家对广告存在异质性偏好，产品分类和自然属性特征是决定匹配价值的主要因素，而内容语意和城市距离则作用较小。该研究利用估计得出的参数模拟分析了不同的分配策略和定价策略。关于分配政策，该研究比较了平台集中分配商家给广告商和现行的商家与广告商自行匹配两种情形的平台利润，发现后者的利润水平较低。关于价格策略，该研究利用结构估计参数，模拟了广义二价（generalized second price，GSP）竞拍和平台现行的规定价格，分析得出广告商在广义二价竞拍机制下的收益较大。该结果为平台选择定价策略提供了启示，即从广告商一方获取利润的平台最好选择广义二价竞拍机制，而像淘宝一样从商家一方获利的平台则最好采用规定价格机制。

关于估计方法，Manski 引入了针对离散选择模型的极大得分估计方法[72]。在此基础上，Fox 提出了针对匹配模型的极大得分估计方法[73]。该估计方法利用了从配对稳定条件推导得出的不等式，其目标是寻找使不等式成立数量最多的参数。该研究将极大得分估计方法应用到汽车零部件供应商和组装方的匹配情境，不仅分析了大型组装方品牌剥离带来的损失，而且探究了日本、韩国等组装方在何种程度上改善了北美市场供应商基础。在另外的研究中，Fox 给出了关于该估计量识别的证明[74]。相比于模拟极大似然估计、模拟矩估计和全息极大似然估计等其他估计方法，极大得分估计具有计算简便的特性[75]，因而在管理领域的众多研究中得以应用[69, 71, 76, 77]。

2. 不同类型的市场的匹配

匹配市场广泛存在于劳动经济、产业组织、婚姻市场、教育市场和企业金融等多个领域[70, 76, 78, 79]。例如，在早期的研究中，Gale 和 Shapley 探讨了大学录取和婚姻问题[78]。以大学录取为例，学校一方在决定录取多少及录取哪些学生时通常面临着一系列的不确定性。其中包括学校不清楚学生是否也同时申请了其他学校、学生如何对其所申请的学校进行排序以及哪所学校会给该学生发出录取通知。针对诸如上述困难，该研究探讨了相应的分配机制及分配的稳定性，并首次提出了延迟接受（deferred acceptance，DA）算法。该研究指出延迟接受算法产生的分配结果是稳定的也是最优的。除了理论推导之外，后续研究也利用数据开展了关于不同市场中的匹配的实证研究。Yang 等利用 1994 年到 1997 年的合同信息研究了美国职业篮球联赛球员和球队之间的匹配价值[80]。研究发现有经验的球员倾向于选择表现好的球队，即球员和球队的配对在表现和经验方面呈现出同型配对（assortative matching）；而在控制了表现后，球员和球队之间的匹配则并不遵循简单的同型配对规则。具体而言，受欢迎的球员和收益最高的球队并不能产生最高的匹配价值，而高品牌价值的球员与中等品牌价值的球队的组合产生的价值要大于高品牌价值的球员和球队组合，且远大于高品牌价值的球员和低品牌价值的球队的组合产生的价值。此外，该研究还探究了在球队支付给球员的薪金受到约束的情形下的匹配价值。

关于传统金融市场中决策主体的匹配研究与本书各章研究的关系更加密切。例如，Sørensen 研究了风险资本和公司之间的匹配关系[79]，发现那些聚集了有经验的风险资本的公司更容易上市，并指出这种结果产生的既可能是由于有经验的风险资本给公司带来了更多的价值，即影响，又可能是由于那些有经验的风险资本投资的公司自身条件较好，即排序。该研究建立起结构模型将上述两种原因分离开来，结果表明排序对首次公开募股的效应约为影响对首次公开募股的效应的两倍。Chen 和 Song 利用 2000 年到 2003 年包括借款项目、银行以及借款企业信息在内的美国借贷市场数据，探究了银行和企业之间的多对一的匹配[76]。他们发现交易双方在资产规模方面存在同型匹配，即大型银行倾向于借款给大型企业，而小型银行则倾向于借款给小型企业。该研究也表明银行和企业更容易与地理位置相近（便于信息收益和经验分享）及有过历史交易的伙伴（考虑到转换成本）组成配对。目前关于金融科技市场中的决策主体之间的匹配尚少有研究。

1.2.4 研究现状评述

通过上述文献梳理可知，现有研究从不同角度探究了借贷型众筹活动的影响因素、借款者和投资者的决策等问题，增加了对借贷型众筹市场的特征和规律的认识。横向来看，国内众筹研究相对于国外的众筹研究起步较晚，且与国外侧重实证分析的研究相比，国内的研究多为理论分析[81]。纵向来看，现有文献对借贷型众筹投资者的投资决策行为探究尚存在以下不足之处。

首先，关于借贷型众筹投资者决策行为的现有研究多以单一借贷平台中借款项目为分析主体，而针对借贷平台层面的研究相对较少。投资平台选择是其参与借贷型众筹活动的第一步，平台的质量与投资者最终的风险收益息息相关。现有研究多局限于单一借贷平台，这些研究对投资者面对数量众多且特征各异的平台如何进行投资、同伴决策是否影响其投资、平台特征是否影响其选择尚未给出直接解答。此外，政府及相关部门为了保护投资者利益，促进借贷型众筹市场的健康发展会出台相关的监管规则或指引，现有研究对投资者是否对外部监管政策和规定做出反应也缺乏实证证明。上述不足之处的存在不利于探究投资者的投资决策背后的机制，针对上述问题，本书将关注平台层面的羊群行为及平台特征和政策规定的影响。

其次，现有研究较多地探讨了借贷型众筹活动中借款者一方的信息，对投资者的信息则主要集中在投资者的可观察到的行为上，认识尚且不足。在现实中，投资者的决策不仅需要同伴投资者的投资时间和投资金额等可观察到的决策结果信息，还需要相应的身份信息来判断他们的投资决策行为的可靠性。造成该问题的一个重要原因是平台通常为了保护投资者利益而较少披露其个人信息，这给研究者探究投资者决策行为带来了挑战。其中尚未受到充分关注的特征是用户在网络环境下往往自行设定用户名这种在线身份信息参与交易。用户名作为同伴身份信息披露的一种重要形式还没有被充分挖掘。本书将利用用户名的匿名程度对同伴投资者进行分类，进而考察不同类型的同伴投资者对后续投资者的影响力。

再次，现有研究对投资者决策的研究主要基于单边分析，缺乏对投资者与借款者匹配框架下的借贷关系形成规律的认识。借贷型众筹市场的交易是投资者和借款者之间的双边交易，任何一方的决策都会受到其交易对手的影响也会影响其交易对手的决策。若仅在给定借款者一方的特征的情况下，研究投资者一方的投资决策行为则不能全面地揭示借贷型众筹活动的运行机制。此外，现有研究多采用简化式模型分析投资者决策。在缺乏有效的工具变量的情况下，这种研究方法不能很好地解决由不可观测的因素、选择偏误等引起的内生性问题，而得出的参数估计量也不能准确反映所要衡量的效应。本书将建立结构匹配模型来刻画数据生成过程，在双边匹配的框架下探究投资者和借款者匹配关系形成的决定因素及平台信息披露政策设计。

最后，现有研究主要集中于基于纯信用的借贷型众筹，而对具有担保物的借贷型众筹活动中的投资者的投资决策行为缺乏认识。具有担保物的借贷型众筹活动是传统线下借贷活动和线上借贷的有机结合。在这种众筹活动中，一旦借款者违约，其担保资产将用于偿还投资者。现有文献对投资者的投资金额和投资时间是否会受到担保物信息的影响，以及在外部相关市场表现变动的情况下投资者是否会调整其投资决策行为等问题仍然缺乏足够的认识。本书将关注投资者在宏微观因素的影响下如何根据担保物的类型确定其投资时间和投资金额。

综上所述，本书的研究将在已有众筹研究、羊群行为研究以及双边市场研究之间架起桥梁，针对上述研究不足开展研究以深化借贷型众筹投资者的投资决策行为的认识。

1.3　本书主要研究内容

本书拟针对借贷型众筹投资者的投资决策行为开展研究。关于研究视角，本书将围绕投资者及其利益相关者展开研究，拟包括投资者自身、投资者群体内部、投资者和借款者、投资者和借贷平台、投资者和政府及相关监管部门等。关于研究样本，本书将利用不同类型的借贷平台数据开展分析，拟包括综合性平台、细分平台以及具有担保物的平台等。主要研究内容拟包括以下四个方面。

（1）考察投资者在进行借贷平台选择时的羊群行为及其影响因素。本书将利用我国借贷型众筹市场中的借贷平台作为研究样本，实证分析投资者在选取借贷平台时是否存在追随其他投资者的羊群行为，并分析平台市场份额、资本实力、社会关注等平台特征对羊群行为的影响。此外，还将探索政府及相关部门发布的监管规定和指引对投资者羊群行为的调节作用。

（2）探究投资者在线身份的匿名程度与同伴影响之间的关系。投资者在决策过程中不仅需要交易对手的信息还需要同伴投资者的信息。例如，谁做出怎样的行动。本书将利用借贷平台的历史交易信息，以用户名这种在线身份信息为切入点，将投资者按照其用户名的匿名程度进行分类，并将在此基础之上，探究具有不同匿名程度的投资者群体对后续投资者的投资决策的影响力。

（3）分析借贷型众筹中投资者和借款者之间的匹配关系及信息披露的价值。本书将利用来自基于纯信用的借贷平台的数据，通过综合考察投资者经验、早期投资者的性别特征以及借款者的信用分数和个人信息等特征，探究具有不同特征的投资者和不同特征的借款者在选择交易对手时的偏好及产生的匹配价值。此外，还将考察在平台实施不同的信息披露政策情况下，市场层面和参与者层面匹配价值的变化。

（4）探究具有担保物的借贷型众筹活动中投资者的投资决策行为，分析投资者经验和外部市场表现的影响。本书将利用以借款者的房产为抵押的借贷平台的数据，分析投资者在面对不同类型的按揭房屋时如何选择投资时间和投资金额这两种基本的投资决策行为。鉴于投资者决策可能受到投资者自身的经验及外部市场表现的影响，本书还将分析这些因素对投资者决策的调节作用。

本书的技术路线如图 1-2 所示。首先对现有研究文献进行梳理和总结，找出现有研究的不足之处，为研究问题的提出打下基础；其次围绕借贷型众筹投资者的投资决策行为提出研究问题，主要包括投资者和借贷平台、投资者群体内部、投资者和借款者、投资者与宏微观因素的关系；再次根据研究问题、相关理论结合研究方法进行研究设计，选取样本数据，进行数据清理并建立计量经济学模型进行实证分析，研究内容包括投资者选择借贷平台的羊群行为、同伴感知匿名程度对投资者决策的影响、基于匹配的投资者交易对手选择以及有担保物的借贷型众筹活动中宏微观因素对投资者出借决策的影响；最后通过分析和讨论得出研究结论，总结理论贡献及实践意义。

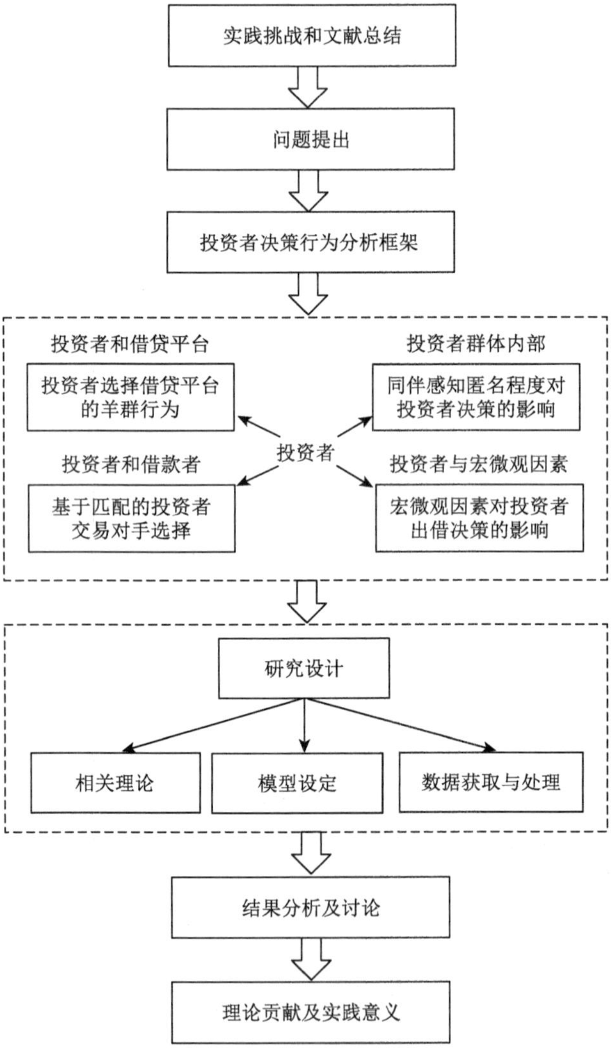

图 1-2　技术路线图

本书后续章节的安排如下。

第 2 章主要介绍投资者决策行为分析框架和模型。第 2 章介绍了与投资者在借贷型众筹中决策相关的信息不对称理论、有限理性决策及有限注意力理论、羊群行为及观察学习理论，并建立起投资者决策行为分析框架，然后对后续研究中采用的多层线性模型、有限混合模型等计量经济模型进行了简要介绍。

第 3 章研究投资者选择借贷平台的羊群行为。第 3 章首先探究投资者是否存在追随其他的同伴投资者选择借贷平台的行为，即探究羊群行为的存在性；其次引入不同类型的平台特征并探讨这些特征对投资者羊群行为的调节作用；最后考察政府及相关部门发布的与借贷型众筹监管相关的政策对投资者羊群行为的影响。第 3 章从平台选择视角揭示了投资者、同伴投资者和借贷平台之间关系，有助于从整体上理解投资者决策，为后文的研究做了铺垫。

第 4 章探究同伴感知匿名程度对投资者决策的影响。借贷型众筹项目中众多的投资者构成了虚拟的社区。第 4 章首先利用投资者在线身份信息即用户名对投资者按照感知匿名程度进行划分；其次建立多层线性模型考察不同匿名程度的同伴投资者对后续投资者的影响，并控制借款项目层面和潜在分类层面的异质性；最后对上述结果进行分析和讨论，得出研究结论。第 4 章考察同一借款项目内部同伴投资者和后续投资者的关系，有助于理解投资者内部决策的相关性。

第 5 章分析基于匹配视角的投资者交易对手选择决策。第 5 章首先建立起刻画投资者和借款者之间匹配关系的结构匹配模型；其次利用投资者特征和借款者特征来估计和探究匹配的决定因素；最后在得出估计参数的基础上，利用反事实分析探究当借贷平台实施不同的信息披露政策时匹配价值的变化。第 5 章从匹配的角度考察了投资者、投资者的交易对手和借贷平台之间的关系，有助于更加系统地理解投资者的决策。

第 6 章研究宏微观因素对投资者出借决策的影响。第 6 章首先探究投资者对不同类型的担保物是否在投资时间和投资金额上存在不同反应；其次引入投资者的经验、平台内部的投资者的影响、平台外部的股市和房价的影响，考察这些因素对投资者对担保物的决策的调节作用。第 6 章研究考察了投资者特征、借款项目特征以及外部市场表现之间的关系，有助于更好地理解投资者的决策。

第 2 章　投资者决策行为分析框架和模型

本书以借贷型众筹为研究对象，探究借贷型众筹活动中的投资者的投资决策行为。本章将主要从相关概念、投资者决策相关理论和投资者决策行为的分析框架、主要研究模型方面进行阐述。

2.1　相关概念

2.1.1　金融科技的概念及业态分类

1. 金融科技的概念

金融科技是金融和科技的合成。由于金融科技尚处于发展时期，目前尚未有统一的界定。国内学者管同伟从各国际组织层面、国家层面以及行业实践层面对金融科技的基本内涵进行了梳理并总结了关于金融科技概念的三类观点[82]。第一类观点认为金融科技即新技术条件下的金融创新，如金融稳定理事会指出金融科技是技术带来的金融创新，能够创造新的业务模式、应用、流程或产品；第二类观点认为金融科技既包含了金融创新也包含了新技术，如国际证监会组织认为金融科技是有潜力改变金融服务行业的各种创新的商业模式和新兴技术；第三类观点认为金融科技是以新技术应用为核心的技术创新，如美国国家经济委员会认为金融科技是指不同种类的技术创新，这些技术创新影响各种金融活动。尽管不同定义主体的诉求不同，目前普遍认同的观点是金融科技的核心仍是金融，是新技术与创新金融服务结合的产物。

本书结合学者、国际经济组织、各国金融监管局及咨询机构的观点，从金融科技的影响范围的角度对现有金融科技的概念进行了重新梳理。如表 2-1 所示，现有关于金融科技的概念依据影响范围大小可以分为：全球经济现象、创新性商业模式和行业、金融产品和服务创新。国外学者 Sironi 指出金融科技产生于金融公司和技术提供商的交汇，它是一种利用数字技术和先进分析来松绑金融服务和定位于长尾消费者来利用规模经济的全球现象[83]。Nicoletti 认为金融科技是在金融服务领域利用信息通信技术建立具有创新性和破坏性的商业模式，它是由使用创新金融技术来支持或者提供金融服务的组织构成的行业[1]。

表 2-1　金融科技的概念划分

范围界定	代表性定义
全球经济现象	利用数字技术和先进分析来松绑金融服务和定位于长尾消费者来利用规模经济的全球现象[83]
创新性商业模式和行业	在金融服务领域利用信息通信技术建立具有创新性和破坏性的商业模式，它是由使用创新金融技术来支持或者提供金融服务的组织构成的行业[1]
金融产品和服务创新	通过使用科技设计新的金融服务和产品，如新加坡金融管理局；先进技术应用到金融体系的期限、信用、收益及风险转换中，升级了金融服务理念、思维、流程及业务

除金融科技的概念外，国内使用较多的相关概念还有互联网金融（internet finance）。例如，谢平和邹传伟指出互联网金融模式是不同于商业银行间接融资和资本市场直接融资的第三种融资模式[84]。在该模式下，金融业分工的专业化减弱、金融服务借助于现代信息技术得到简化、市场参与者更为大众化。《中国金融稳定报告（2014）》指出互联网金融是“借助互联网和移动通信技术实现资金融通、支付和信息中介功能的新兴金融模式”[85]。该报告指出广义的互联网金融涵盖非金融机构的互联网公司从事的金融业务和传统金融机构利用互联网开展的业务；狭义的互联网金融则指互联网公司使用互联网技术开展的金融业务。

这里需要指出的是互联网金融和金融科技既有区别又有联系。两者均指技术与金融的结合，而差异主要在于定义的角度不同，即互联网金融强调融资模式和参与主体，而金融科技则更强调科技和金融融合所构成的生态系统。并且，两者所涉及的发展阶段不同。贲圣林和张瑞东将互联网金融视为金融科技发展的一个阶段[86]。管同伟指出金融科技是金融的科技化，而互联网金融则属于通过互联网实现业务渠道的创新，也认为互联网金融可视为金融科技的早期业态[82]。李文红和蒋则沈指出国内的“互联网金融”概念将逐步趋近并融入“金融科技”的概念体系，与国际通行概念一致[87]。鉴于金融科技概念的内容广泛性及其在国际范围内使用的广泛性，本书统一使用金融科技这一概念。

2. 金融科技的业态分类

依据巴塞尔银行监管委员会，金融科技可以分为支付结算、存贷款与资本筹集、投资管理以及市场设施四类。其中，支付结算类金融科技既包括面向个人客户的小额零售类支付服务，也包括了针对机构客户的大额批发类支付服务。该类业务是对现有金融支付领域的补充，监管框架较为明确。监管机构主要关注反洗钱、防止网络欺诈、网络技术安全、客户信息保护等方面。存贷款与资本筹集类的金融科技活动主要包括各种借贷型、股权型众筹。与传统融资业务相比，这类利用网络平台进行债权和股权融资的业务所占比重仍较低。现行的风险管理、审慎监管和市场监管要求基本适用。投资管理类主要包括智能投资顾问和电子交易服务。目前在国内市场多以银行和证券机构为主导，是传统金融培育的业务模式。监管机构主要沿用现行的针对资产管理业务的监管标准，关注信息批量和投资者保护等。市场设施类的金融科技活动包括客户身份认证、数据归集处理等跨行业通用服务，以及分布式账本、大数据、云计算等技术基础设施，技术属性较强。

2.1.2 众筹的概念及分类

众筹属于金融科技业态中的存贷款与资本筹集类。与金融科技不同的是对众筹的概念基本达到共识。学者 Ahlers 等指出众筹是一种利用网络集合数量众多的个体小额投资来支持特定目标的资金筹集形式[88]。Belleflamme 等指出众筹是一群个体而非天使投资、银行等专业的投资者和项目的筹资企业之间进行直接筹资[89]。Mollick 和 Nanda 指出传统的借贷主要由少数专业投资者掌控，而众筹活动中企业可以通过互联网直接向大众筹集资金[8]。

众筹可以分为奖励型众筹（reward-based crowdfunding）、慈善型众筹（donation-based crowdfunding）、借贷型众筹（debt-based crowdfunding）、股权众筹（equity-based crowdfunding）。这四种众筹形式在回报类型和投资者权利、金融属性与筹资机制方面存在差异。首先，回报类型和投资者权利不同。在奖励型众筹中，资金提供者提供资金以交换非货币的回报，其主要目的是进行产品的市场预售或者推广。典型的回报既包括实物类的产品又包括会员资格和冠名等。慈善型众筹，通常也称为公益众筹。这类众筹的资金提供方没有具体的补偿，主要是出于慈善或赞助的目的。在借贷型众筹中，借款者筹集的资金需要归还，而投资者有权收到合约规定的利率。股权众筹是指筹资者通过平台向个人投资者筹资以支持其创业企业发展，并向投资者进行利润分配。其次，与奖励型众筹和慈善型众筹不同，借贷型众筹和股权众筹具有较为显著的金融属性，一般纳入或将纳入金融监管范围。最后，从筹资机制来看，众筹主要包括阈值机制（all-or-nothing）和全包机制（keep-it-all）两种类型。前者指众筹的借款者或筹资者设定融资目标，若在项目期限内筹集的资金达到融资目标，项目筹资者可获得资金，否则将没有资金流动发生；后者则指无论融资目标是否达到，项目筹资者都将获得项目期限内已经筹集到的资金。奖励型众筹和慈善型众筹通常两种筹资机制均有采用，而借贷型众筹和股权众筹则基本采用阈值机制。

本书关注借贷型众筹，也称网络借贷或 P2P 借贷（peer-to-peer lending）。借贷型众筹最初通常是个人投资者通过科技公司设立的网络平台向个人借款者或中小商户提供基于纯信用的贷款[21]，后期随着市场的发展也有机构投资者参与。投资者参与借贷型众筹活动可以获得比银行储蓄和理财产品更高的收益，而借款者也可以更低的利率筹集到所需的资金。一般认为借贷型众筹是传统的微型金融

（microfinance）在网络环境下的新发展。借贷型众筹和微型金融两者既有区别又有联系。微型金融通常是指发展中国家向贫困、低收入的人口和微型企业等提供资金的金融实践，这些个体通常无法从银行等专业金融机构借到资金，代表性的例子是孟加拉乡村银行。借贷型众筹则是借款者借助网络平台汇集众多个体投资者的资金来满足自身需求的借贷方式。与微型金融相似的是借贷型众筹中的借款者也是满足不了银行等机构的贷款条件的个人或中小企业，与之不同的是借贷型众筹中的借贷不具有慈善性质，其借贷双方是私人民间借贷关系。

2.2　相关理论及框架

在借贷型众筹活动中，个体投资者所面临的决策环境具有如下特点：首先，决策者仍然面临着信息不对称问题。信息技术的发展虽然在一定程度上降低了在线交易中的信息不确定性，但是借款者和借贷平台依然比投资者掌握着更多的信息。其次，前人信息更容易获得。在线交易的环境使得投资者可以更为容易地观察到更多的公开信息，如同伴投资者的行为等，这就为投资者追随他人决策即采取羊群行为提供了便利。最后，在线环境下投资者面临更多的选择、需要处理更多的信息，大量的信息披露使得投资者注意力资源的有限性的矛盾更突出，投资者通常倾向于利用那些吸引他们注意力的信息。针对借贷型众筹活动的上述特点，本节将首先介绍与投资者决策有关的信息不对称、有限理性决策及有限注意力、羊群行为及观察学习等理论，并在此基础上构建投资者决策行为的分析框架。

2.2.1　投资者决策相关理论

1. 信息不对称理论

信息不对称是指交易双方可能存在信息分布不对称，一方掌握的信息要比另一方多，一般情况下掌握信息较多的一方享有优势。信息不对称理论始于 20 世纪 70 年代，Akerlof 最早在其研究中提出信息不对称[90]。在旧车市场中，车主掌握着比购买者更多的信息，两者之间存在信息不对称，这为车主向购买者出售低于市场平均质量的旧车提供了激励。该研究认为当市场中存在着高质量的旧车和低质量的旧车，而购买者不能有效地分辨低质量的旧车与高质量的旧车，只愿意支付平均价格。由于此价格低于高质量旧车的价值，那些提供高质量旧车的车主离开市场，而低质量的旧车充斥市场，直至市场崩溃，即在信息不对称情况下，处于信息劣势的购买者面临逆向选择。

Spence 提出信号传递理论来控制和缓解信息不对称[91]。在劳动力市场中，雇主在雇佣时并不确定求职者的生产能力，在雇佣后也无法立刻得知，即求职者的生产能力需要经过一段时间才能确定。因此，雇佣是雇主在不确定情况下进行的投资决策。风险中性的雇主会给出与求职者边际贡献相当的工资。但是由于雇主不能直接观察到该边际贡献，他们观察到的求职者的个人信息影响着他们对求职者的判断，从而影响工作的分配。这些可观测的个人信息分为指标和信号两类。指标是指那些求职者无法改变的特征，如年龄等；信号则是求职者通过付出时间和金钱等成本可以改变的特征，如受教育程度。在均衡信号情况下，雇主根据其最初判断给定工资水平，求职者个体通过最大化工资和信号成本之间的差异做出最优信号决策。当新的市场信息通过雇佣、后续对边际贡献和信号之间的关系传递出来后，雇主更新其信念，制订新的工资计划，新一轮反馈开始。当雇主的信念不因新一轮到达的信息而改变时即自我强化情形下市场达到均衡。

利用市场信息来控制和缓解信息不对称的另一种方式是由 Stiglitz 及其合作者在一系列的研究中阐述的甄别理论[92-94]。这里的甄别是向不同类型的客户提供不同类型的产品。例如，保险市场中保险公司和被保险人之间存在信息不对称，保险公司对被保险人发生事故的概率和特征等信息掌握不足[92]。该研究假设存在高风险和低风险的被保险人，其分析得出在竞争市场中，传统竞争分析中的一价制不再有效；若市场均衡存在，保险公司可以向高风险和低风险的被保险人提供具有不同价格和数量的保险合同。Stiglitz 和 Weiss 分析了信贷市场中银行和企业之间的信贷配给问题[94]。银行收取的利率会以两种方式影响到借款的风险，进而影响到银行的利润。一是利率会带来逆向选择。利率可以用来甄选高风险和低风险的企业。高风险的企业的还款可能性较低，他们通常愿意支付高利率。随着利率的提高，借款企业的风险增加，会减少银行的利润。二是利率会带来道德风险。例如，提高利率会增加高风险项目对企业的相对吸引力，企业会选择那些成功概率低，但是一旦成功却可以获得高额收益的项目。这种行为与银行利益相背离，会降低银行的利润。因此，当信贷市场存在过度需求时，银行会进行数量约束即信贷配给而非调整价格即提高利率。信贷配给现象是市场信息甄别、逆向选择和道德风险相结合的结果。

2. 有限理性决策及有限注意力理论

古典和新古典经济学以经济人完全理性假设为分析前提。行为经济学的有限理性（bounded rationality）决策理论批判了完全理想假设，该理论认为个人是有限理性的，他们在追求给定目标和行动的过程中会受到各种条件的限制和约束[95]。这种约束不仅来自外部环境的风险与不确定性，更源于人们自身的知识与计算能力等的认知局限[96]。有限理性决策的一个重要表征是注意力的有限性。关于注意力的主要理论包括瓶颈理论和容量理论。瓶颈理论由 Kahneman 提出并进行了系统的分析和讨论[97]。该理论认为注意力是一种稀缺的认知资源，个体在处理多重信息和完成多项任务时必须对有限的注意力资源进行合理分配。同时，不同的任务需要不同容量的注意力，简单的任务需要较少的资源而难度大的项目需要较多资源，各种任务共同竞争有限的认知资源。

关于个体如何分配有限的注意力资源，注意力分散假说认为在个体平均分配注意力的前提下，不相关信息越多，个体的注意力被分散得越严重。因此，个体拥有更少的时间和精力去挖掘所需的信息。例如，在金融市场中交易和股票价格会对与公司的相关新闻做出反应，Hirshleifer 等通过分析外部信息的到达对上述反应的影响检验了注意力分散假说[98]。投资者有限的注意力资源在特定公司的盈余公告和其他公司的盈余公告之间存在竞争。该研究得出当特定公司与其他公司在同一天发布大量的盈余公告消息时，特定公司的成交量和股票价格对公司盈利意外的反应较弱，而且公告后的偏差较大。上述信息带来的注意力分散对那些获得正盈余意外的公司产生的影响更大。与相关新闻相比，与行业无关的新闻分散注意力的作用更强。

然而，个体往往并非平均分配其注意力，他们考虑的集合通常要小于所有选择构成的集合。由于个体用于处理信息的认知资源有限，他们在面临数量较多且在多个维度上存在差异的选择时可能将较多的注意力资源分配给具有某种特定、凸显特征的信息。例如，个体更容易选择吸引他们注意力的选择，而忽略那些不吸引注意力的选择。在这种注意力驱动的情况下，若一个选择显著展示的特征对个体的效应至关重要，则注意力驱动的选择表现较好；否则注意力驱动的选择并不理性。Barber 和 Odean 研究发现个体投资者存在注意力驱动的股票交易行为[7]。他们倾向于买入那些吸引注意力的股票，如被新闻报道的股票和具有异常高的交易量和收益的股票等。与此同时，个体接收和处理某些特定信息可能比其他信息容易；他们可能会将注意力分配给这些容易处理的信息。典型的例子是个体会关注那些显著展示的信息而忽略非显著展示但有价值的信息。Simonsohn 和 Ariely 分析了在线拍卖交易中投标者的投标行为并探究了忽略非显著展示的信息所带来的后果[63]。该研究发现投标者会选择那些聚集了大量的投标的拍卖项目，即便既有投标是由于项目的起始价低而非项目质量高。在给定投标金额下，投标者赢得拍卖的可能性更低，且成功时需要支付的金额更大。而有经验的投标者则较少投资于那些起始价低的项目。

3. 羊群行为及观察学习理论

羊群行为是人类社会中普遍存在的现象。广义上的羊群行为是指个体在面临社会决策时倾向于表现出一致性。狭义的羊群行为则在不同研究中有所差异。Banerjee 指出羊群行为是指个体利用他人信息进行决策的后果是每个个体都按照其他个体的行为做决策，忽略私人信号[55]。Devenow 和 Welch 指出投资者的决策受到其投资者决策的影响的羊群行为包括了非理性羊群行为和理性羊群行为[99]。其中，非理性羊群行为侧重于投资者心理，认为个体盲目地跟随其他人，理性羊群行为是指投资者追随他人以从中获利，而更为接近现实的情况是近理性羊群，即投资者通过使用启发式（heuristic）来节省信息处理或信息获取成本。

已有研究认为导致一致性行为的机制主要有四种：社会惩罚、回报的正外部性、一致性偏好以及沟通。其中，社会惩罚是指社会对个体成员不一致行为施以惩罚。回报的正外部性是指某个产品对个体的价值依赖于有多少其他人也接受相同产品。一致性偏好是指个体对通过采取与某个社会群体中的成员一致的行动来获取该社会群体的身份认同。沟通是指前面的个体和后面的个体之间就各种选择的好处进行讨论和交流。上述四种机制能够解释一致性行为的存在但并不能解释这种脆弱性，即小的冲击也往往带来较大的转变。Bikhchandani 等提出信息瀑布机制来解释这种一致性行为及其脆弱性[51]。具体而言，当个体的最优决策是在观察到前面决策者的行为，并追随前人的行为而不考虑其自身拥有的信息时，信息瀑布产生，这种序列决策过程带来的结果既可以是积极的也可以是消极的。

随后，Bikhchandani 等指出这种一致性行为最简单直接的原因是个体面临着相似的决策问题，即个体具有相似的决策信息，面临相似的决策选择及相似的回报。在回报相似而初始信息不同的情况下，个体也会做出一致性决策。虽然个体可以通过分析各种选择直接做出决策，但是这种方式需要付出高成本，消耗时间和精力。而依赖他人的信息进行选择则成为另一种可行的方式，即社会学习（social learning）[100]。社会学习既可以通过个体的直接沟通（direct communication）实现也可以通过观察学习（observational learning）实现[101]。这里的直接沟通是指在时间、空间或者社会距离上相近的决策者之间的沟通和讨论；而观察学习则是指个体观察其他个体的行为并从中理性推测出他人行为中包含的信息[100, 102]。这两者之间的关键区别在于个体之间的相互学习是否与时间、空间以及社会接近度有关。可见，这里的直接沟通与 Bikhchandani 等[51]指出的沟通机制类似。另外，即便在个体面临的决策问题并不相似的情况下，这种一致性行为也会存在。这种情况下的一致性行为的来源包括：回报的正外部性、一致性偏好以及社会惩罚等[51, 55, 101]。类似地，Devenow 和 Welch 指出在金融市场中决策者的羊群行为可能来自外部性、委托代理问题、信息学习或信息瀑布[99]。上述分析阐述了羊群行为、观察学习和信息瀑布概念之间的关联。具体而言，羊群行为侧重于行为结果，观察学习侧重于决策方式，而信息瀑布则侧重于羊群机制的解释。

关于羊群行为的理论模型的代表性研究包括 Bikhchandani 等[51]、Banerjee[55]和 Bikhchandani 等[100]。以下将围绕 Bikhchandani 等[100]对羊群决策过程进行介绍。

假设决策者为风险中性，每个决策者拥有私人信息且从前人的决策中获取一些信息，然后做出决策。假设他们按照顺序做出接受或者拒绝某一特定行为的决定且每个决策者的决策顺序已知。若接受，回报 V 以相同的概率等于 1 或者–1，若拒绝，则回报 V 等于 0。在不存在其他信息的情况下，两种选择给个体带来的期望满意程度是相同的。设决策者的私人信号是高或者低，在接受是满意的情况下（$V=1$），个体观察到信号为高的概率为 $p>1/2$，在接受是不满意的情况下（$V=-1$），个体观察到信号为高的概率为 $1-p$。可见，p 是个体信号正确的后验概率。假设所有的私人信号是同分布且依 V 条件独立。个体对于回报 V 的信念也依赖于其从前人获得的信息。若前人的行动和信号均可观察到，则信息信号将随着个体的到达而增加到公共信息集中。随着信息的不断积累，选择的真实价值将逐渐被揭露，个体最终依据公开可见信息做出正确的、一致的决策；若信息信号有噪声，信息积累会变慢但个体仍将接近正确的、一致的行为。然而，一些前面的个体的错误选择也可能导致后面的个体聚集在错误的选择上，从而导致低回报。

第一个决策者为 A_1，该个体依据自身信号做出决策，即若信号为高则接受，若信号为低则拒绝。假设后面的决策者均可以从 A_1 的投资决策行为中完全推断出其信号。第二个决策者为 A_2，该个体在决策时面临两个信号：A_1 的行为及其自身所拥有的信号。当 A_2 自身信号与从前人 A_1 行为中推出的信号一致时（A_1：高或低；A_2：高或低），他会做出与前人 A_1 一致的选择（接受或拒绝）。当 A_2 自身信号与 A_1 行为所传达的信号不一致且 A_2 对接受或者拒绝并不在意时，A_2 会以相同的可能性选择接受或拒绝。第三个决策者 A_3 在决策时可能面临三种情境：前面决策者均接受；前面决策者均拒绝；前面决策者做出相反的决策。若前面两个决策者均接受，则 A_3 也会接受。A_3 知道 A_1 的信号为高，而 A_2 的信号更可能是高而非低。即使 A_3 的信号是低，他也会认为选择接受收到的回报为 $V=1$ 的可能性更大。那么，A_3 的接受行为并未向后面的个体提供关于接受的满意度的更多的信息，其选择仅仅是基于 A_1 和 A_2 的行为。决策者 A_3 后面的个体也面临着类似的决策情况，他们也会忽略其私人信号而选择做出和前人一样的选择。A_3 被认为处于信息瀑布中，因为他的最优行为不依赖于其私人信息，其行为的无信息性意味着没有更多的信息加入公共信息集中。上述情境是上升的信息瀑布，若前面两个体均拒绝，则 A_3 及其后面的个体即使在观察到的信号为高的情况下也会选择拒绝，进而形成下降的信息瀑布。当前面两个个体一个接受一个拒绝时，A_3 处于和 A_1 面临选择时一样的情境，因此 A_3 会根据其自身拥有的私人信号进行决策。A_4 面临的决策和前面的 A_2 类似。若 A_3 和 A_4 做出相同的选择，那么信息瀑布从 A_5 开始，对于 A_5 而言，A_1 和 A_2 的信号相互抵消并未传达更多信息。设 d 为前人中选择接受的人数与选择拒绝的人数的差值，则个体的最优决策规则如下：当 $d>1$ 时，个体会不顾其私人信号而选择接受；当 $d=1$ 时，若个体的私人信号为高则接受，反之则以相同概率选择接受或拒绝；当 $d=0$ 时，个体依赖其私人信号进行决策。$d=-1$ 和 $d<-1$ 时，个体的决策是与上述对称的。

上述观察学习决策过程中形成的信息瀑布并非一直存在。知情者（通常指具有某方面信息优势的决策者）的到来、公共信息的发布以及决策选择内在价值的变化等会对其造成冲击。例如，公共信息的发布可以直接或者间接影响到决策者。直接影响是指公共信息披露直接增加了决策者的信息，间接影响则是指公共信息披露改变了前人的决策，从而影响到前人投资决策行为所传达的信息，进而影响到后面的决策者。因为在既有假定下，决策者知道自己处于信息瀑布中，并且信息瀑布建立在少数决策者的有限信息之上，一旦有传达新的信号的冲击到达，信息瀑布将会被推翻，新的信息瀑布形成，如此反复。

综上可知，前面决策者行为的信息性可能影响羊群行为。已有研究指出前面决策者行为的信息性与一系列的因素相关。

（1）前人投资决策行为的信息量。决策者通常只能观察到前人投资决策行为的描述性统计特征，而对于个体决策的顺序知道甚少。即使在此种情况下，观察学习过程也依然稳健，信息逐渐积累直至个体认为有关某个特定选择优于其他选择的证据超过了自身的私人信号，此时信息瀑布形成，而新的信息不再累积。此外，决策者可能只能观察到有限数量的前人（如相邻个体）的决策，而非前面所有个体的决策。在此情况下，若足够数量的前人的行为可以被观察到，信息瀑布仍会发生。

（2）选择的多样性和离散性。决策者面临集中包含多于两个的选择时，上述观察学习过程的基本特征不变。仅当选择集合变大时，形成信息瀑布需要更长的时间，同时也会聚集更多的信息。而当选择集是连续的时（如在某个区间内），即使是后来的决策者也可以根据私人信号对自身的选择进行一定程度的调整。此时，私人信号可以从个体行为中推测，信息有效地累积而信息瀑布不会发生。这表明信息瀑布只在具有离散性选择的决策情境下发生，其中离散性和有限性的选择可视为过去信息的噪声或者偏离。

（3）决策者信号的确定性。与选择的离散性和有限性相比，观察学习过程并不要求信息、信号具有离散性，但是信息、信号不一定是确定性的。若决策者收到的确定性信号具有信息价值，则该信号可以提供关于选择的真实价值的信息，决策者无须依靠前人的决策。决策者最终将聚集到正确的行为。然而，当这类信号的信息价值较小时，决策者则会在错误的行为上持续较长时间。

2.2.2 投资者决策行为的分析框架

金融科技活动的出现给投资者带来了机遇与挑战，本节将结合金融科技环境下投资者投资决策的特征，给出投资者决策行为分析的框架，包括了基于横向视角的投资者的利益相关者分析和基于纵向视角的投资者的决策过程分析。

1. 横向视角：投资者的利益相关者

依据 Nicoletti 的框架，金融科技生态系统涵盖了需求、资本、智力、政策和解决方案五个方面的参与者[1]。投资者作为资金来源是该生态系统的重要参与者。一般而言，这里的投资者包括了天使投资、股东乃至个人投资者等。投资者的利益相关者主要包括了借款者、借贷平台、同伴投资者和政府及相关部门。以借贷型众筹市场为例，借款者通常是有资金需求的个人或者中小商户。为了筹集所需资金，他们需要通过借贷平台发布他们的借款申请信息。借贷平台往往是由科技公司设立的，向交易双方提供信息、撮合交易。为了促进交易的达成及保障交易的安全，借贷平台通常需要利用信息技术对借款者进行贷前风险的识别、贷中利用传统模型或机器学习等方法建立信用模型评估风险，并对借款者进行反欺诈风控、贷后风险预警和智能催收等。同伴投资者是指与投资者面对共同的借贷平台和借款者的那些投资者。政府及相关部门主要包括各级政府、相关监管机构和监管者。例如，中国银行保险监督管理委员会和中国人民银行。

交易是借贷活动的基本单位，以下从单笔交易出发围绕投资者与上述各利益相关者的关系，由微观到宏观、由内而外逐步展开分析。

首先，交易的达成是投资者和借款者之间选择的直接结果，探究投资者如何选择借款者是所有投资者决策问题研究的起点。借贷型众筹的重要特征之一是去中介化，即借贷双方直接进行选择而非通过银行等传统的金融中介。优点是投资者决策面临的限制少且更加自主，他们可以依据自身偏好选择借款者。缺点是在网络环境下投资者需要自行处理大量异质信息，而投资者则缺乏足够的时间、精力以及专业能力对这些信息进行处理和吸收，决策难度变大。

其次，借贷型众筹活动属于多对多的交易关系，即多笔来自不同投资者的交易会集中于特定的借款者或借款项目，而同一个投资者也可以投资于多个借款者或借款项目。在这种交易关系下，投资于同一借款项目的投资者实际上构成虚拟社区。其一，因为借款项目只有在筹资期限内达到筹资目标才能成功，投资者的每笔交易能否最终成功也依赖于这个虚拟社区中同伴投资者的交易行为。其二，投资者和借款者之间仍然存在信息不对称，而同伴投资者的投资时间和金额能够反映他们对借款项目质量的判断，影响后续投资者对借款项目的筹资成功及还款的信心。鉴于金融投资活动的高风险特征，投资者也会对同伴投资者进行识别和区分以便找出可信度高的同伴投资者。

再次，投资者对借款者的选择、观察同伴行为以及最终做出决策均需要借助于借贷平台。借贷型众筹平台并非金融中介，它们不参与借贷交易本身，仅作为信息中介而存在。具体而言，平台通过以下三个方面发挥其信息中介的作用。第一，平台可以在监管允许的范围内，调整和影响借款者信息披露。例如，LendingClub 在 2014 年曾无预警地移除了一半的借款者变量①，影响到投资者利用公开数据评估借款者质量及平台透明度。第二，平台也可以利用借款者的原始数据和算法建立信用模型评估借款者的风险，并向投资者提供信用分数辅助其决策。第三，平台往往选择公开借款项目的交易记录以增加交易透明。交易记录通常包含已有投资者的投资金额和时间及用户名等基本信息，是交易情况的客观反映；交易记录同时也能够为投资者的观察学习行为提供线索。

最后，投资者在借贷型众筹平台的交易受到外部利益相关者的影响。政府及相关部门会根据借贷型众筹市场的发展发布相应的规范和指引。这些规范和指引不仅直接影响到平台和平台管理者，还能够增强投资者对于借贷型众筹活动的认识，起到投资者教育的作用。例如，2016 年 8 月，中国银行业监督管理委员会联合工业和信息化部、公安部、国家互联网信息办公室发布的《网络借贷信息中介机构业务活动管理暂行办法》，明确了网络借贷机构不能触碰的“红线”，为其合法合规发展提供了依据。这类监管政策和规定的出台能够影响投资者对借贷平台和借贷项目的风险的认知和判断，影响其投资决策。

2. 纵向视角：投资者的决策过程

在金融科技活动中，投资者的投资决策行为是一系列基本决策过程的结果，包括投资者接收信息信号、处理信息信号、根据信息信号评估借款项目质量、采取行动。以下以本书所研究的借贷型众筹为例进行阐述。

首先，接收信息是投资者决策过程的开始。关于信息需要考虑以下两个方面：第一，投资者接收到的信息不仅因信息内容的重要性而异，也会因信息的显著性而有所不同[103-104]。对参与借贷型众筹项目的投资者而言，重要的信息包括借款者给出的借款金额、借款利率和借款期限等条件，也包括借款者的信用等级和担保物等，能够反映其还款意愿和能力的信息。显著展示的信息包括借款项目的已筹资比例和其他投资者的投资记录（通常包含用户名、投资时间和投资金额）等。第二，投资者所能接收的项目及平台信息很大程度上由平台的信息披露政策决定。借贷型众筹区别于传统筹资活动的重要特点之一是平台作为信息中介提供信息促进交易达成，平台可以通过选择增加或减少披露的信息、设计信息的展示方式、提供自身计算得出的信用等级等多种途径间接影响投资者的行为。平台披露的借款者信息越多，投资者可以用于支持其决策的信息信号越多，越能够缓解信息不

---

① 信息来源：https://news.fintechnexus.com/lending-club-removes-data-fields/。

对称的问题；反之，平台披露当借款者的信息越少，投资者进行决策时则面临着较为严重的信息不对称。

其次，投资者需要对接收到的信息进行解读从而判断备选项的质量。在进行信息解读时，投资者会受到各种条件的限制。如前所述，有限理性决策理论认为个体在进行决策时受到各种条件的限制和约束[105]。这种约束可以来自外部环境的风险与不确定性，也可以源于人们自身的知识与计算能力等的局限[96]。例如，已有研究也表明普通投资者在进行股票投资时容易购买那些吸引其注意力的股票，即使是专业的银行贷款人员在审查贷款客户时也受到时间、自身经验以及同事关系等因素的影响[106]。除此之外，鉴于科技活动的复杂性和高风险性，投资者解读信息时也会关注到其他关联信息以辅助决策判断。例如，投资者在投资以房产为担保物的借款项目时，不仅需要分析借款者提供的担保物信息，还需要关注房产价格指数等可能影响担保物的价值变化的信息。依据该思想，本书在分析投资者决策行为时，关注投资者的投资经验、与投资者一起投资的同伴的决策信息、政府及相关部门的政策或法规、外部房产市场价格波动以及股票市场表现等因素可能给投资者决策带来的影响。

最后，投资者对备选项进行评估并做出决策。信息系统领域的研究对于个体决策行为的刻画通常包括决策发起行为到决策的最终实现等一系列的行为。例如，在线评论研究中，学者会考察个体是否发布评分以给出的具体评分区分两种决策行为[107-108]。金融科技市场中的投资者决策更加复杂，既包括了不同的决策行为（如是否对特定项目投资以及投资多少等）也包括了不同层次的决策（如选择平台）。本书将重点考察一系列的投资者决策行为：如何选择借贷平台，选定平台后是否向平台中的特定借款项目投资，针对特定借款项目何时进行投资、投资多少金额等。

2.3　主要研究模型

本书各章的实证研究主要基于计量经济学方法。根据研究问题和样本数据特征，具体采用了多层模型、有限混合模型、倾向得分匹配和生存分析模型等。本节将简要介绍这些模型。

2.3.1　多层模型

多层级的数据结构是社会科学中常见的数据结构。例如，在对学生的表现进行分析时，需要考虑到学生就读于不同的学校，居住于不同的社区。每个学生在年龄、家庭经济条件和学习态度等方面存在差异，不同的学校在师资条件、教学设施等方面有所不同，不同的社区也具有不同的特征。这就要求模型能够对来自上述不同层级的变量进行分析并刻画不同层级之间的关系。多层模型（multilevel models）可以用于分析上述具有层级结构的数据的模型。这里的层级是指低层级的观测值嵌套在高层级中。最底层的观测通常处于微观层面；最高层的观测通常也被称为组，处于宏观层面。多层模型中的层级既可以是两层也可以是更多的层。例如，学生嵌套于学校、雇员嵌套于公司或者个体的重复测量等属于两层的数据结构。学生嵌套于班级，班级又嵌套于学校则属于三层数据结构。

传统线性模型的基本假设是线性、正态、同方差和误差项独立。然而后面两个假设在层级数据结构中往往不成立。层级数据结构中数据的变异不仅有个体层面的变异也有更高层级的组的层面的变异。若将个体数据按照不同组进行合并，则不能捕捉不同组之间的变异；若仅考虑不同组的特征，对个体数据取均值或者采用其他合并形式，则不能捕捉个体的变异。而多层线性模型在处理具有层级结构的数据时具有以下优势：第一，考虑了不同层级的随机误差，参数估计更加有效；第二，可以通过计算数据在不同层级上的协方差得出不同层级的变量特征所带来的变异与总变异的比例，进而分析不同因素的影响力；第三，可以分析个体的重复观测数据，即将观察值视为第一层级，而个体则视为第二层级；第四，多层模型可以分析多种类型的观测数据，既包括服从正态分布的连续型数据也包括服从二项分布和泊松分布等的离散型数据。

（1）多层线性模型。以下将以两层数据结构为例，对多层线性模型进行简要介绍。设学生 i 自身的变量（如年龄）为 x，其就读的高中学校 j 的变量（如学校规模）为 u，被解释变量为 y（如学生的成绩）。

若每个学校具有相同的斜率项，仅截距项变化，则有随机截距模型如下：

$$\begin{cases} y_{ij} = \alpha_j + \beta x_{ij} + \varepsilon_{ij} \\ \alpha_j = \gamma_0 + \gamma_1 u_j + \eta_j \end{cases} \tag{2-1}$$

其中，系数 α_j 由截距项 γ_0 和因高中学校而不同的系数 γ_1 决定。ε_{ij} 和 η_j 分别为第一层和第二层的随机误差项，$\varepsilon_{ij} \sim N(0,\sigma_\varepsilon^2)$，$\eta_j \sim N(0,\sigma_{\eta_j}^2)$。若截距项和斜率项都因高中学校而不同，则有随机截距和随机系数模型如下：

$$\begin{cases} y_{ij} = \alpha_j + \beta_j x_{ij} + \varepsilon_{ij} \\ \alpha_j = \gamma_0 + \gamma_1 u_j + \eta_j \\ \beta_j = \varphi_0 + \varphi_1 u_j + \kappa_j \end{cases} \tag{2-2}$$

其中，β_j 由截距项 φ_0 和因高中学校而不同的系数 φ_1 决定。η_j 和 κ_j 均为第二层的随机误差项，$\varepsilon_{ij} \sim N(0,\sigma_\varepsilon^2)$，$\eta_j \sim N(0,\sigma_{\eta_j}^2)$，$\kappa_j \sim N(0,\sigma_{\kappa_j}^2)$。其他系数的解释同随机截距模型。

（2）交叉分类多层模型（cross-classified multilevel models）。上述模型从数据结构和模型自身的参数关系来看各个层级之间具有隶属关系。另一类模型则用来刻画各个层级之间并非完全隶属关系的情形，即交叉分类多层模型。例如，在不同高中学校 j 的学生 i 来自不同的初级中学 k。这里高中学校和初级中学是学生的上一层级，而高中学校和初级中学之间没有必然的层级隶属关系。

由前文可知，多层模型的建模思想是第一层级的系数在第二层级被视为随机变量，即第一层级的系数来自某一概率分布。随机系数及这些随机系数的模型构成了多层模型的重要部分。因此，多层模型也被称为随机系数模型或者混合效应模型（mixed-effects models）。鉴于固定效应可以视为随机效应的特殊情况，而多层模型的表述更具概括性且更能体现数据和建模的特点[109]，本书将使用多层模型的表述。

以本书关注的借贷型众筹为例，数据呈现出多层结构。例如，单笔投资从属于特定的借款项目，同时来自特定的投资者。借款项目可以来自具有不同特征的更高的层级（如借贷平台）；投资者也可以来自更高的层级（如性别、年龄或者研究者无法观察到的群组等）。若仅仅采用单层的模型对投资者的投资决策行为（如金额和时间等）进行分析则不能有效地捕捉上述层级关系，而多层模型则可以更加准确地刻画投资者行为。

2.3.2　有限混合模型

多层线性模型中个体与分组之间的隶属关系是明确的、已知的，并且分组层面的变异是可以计算得到的，而在实践中个体所属的更高层级的分组可能是研究者观察不到的、未知的，个体在这些潜在分组层面也存在着变异。例如，金融市场中的股票收益在经济政策运行和经济危机的情况下存在差异；健康和不健康的消费者对医疗产品和服务的需求不同；不同葡萄造出的葡萄酒存在差异。若对上述来自不同潜在分组的数据不加区分，而仅针对所有个体进行混合分析，则不能全面有效地刻画数据的异质性。

本节介绍的有限混合模型则用于识别不同的潜在分组并估计相应的群组的参数。该模型被用于不同的领域，包括金融、市场营销、生物等。建模的基本思想是假设总体观察值来自有限个未知分布[110]。有限混合模型可以混合多个来自同族的分布，如正态分布、学生 t 分布、泊松分布和负二项分布等。

考虑来自总体的观测值 y_i，假设 y_i 来自混合 G 个密度函数为 f_g 的分布。则具有 G 个分类的总体密度函数是

$$f(y_i \mid x_i;\theta_1,\theta_2,\cdots,\theta_G;\pi_1,\pi_2,\cdots,\pi_G)=\sum_{g=1}^{G}\pi_g f_g(y_i \mid x_i;\theta_g) \tag{2-3}$$

其中，x_i为解释变量；θ为未知参数；π_g为权重或称先验概率，它通常设定为常数，$\pi_g = \Pr(y_i \in \text{segment } g \mid x_i;\theta)$，$g = 1,2,\cdots,G$。

为保证 $0<\pi_g<1$ 且 $\sum_{g=1}^{G}\pi_g = 1$，则有

$$\pi_g = \frac{\exp(\gamma_g)}{\exp(\gamma_1)+\exp(\gamma_2)+\cdots+\exp(\gamma_{G-1})+1} \quad (2\text{-}4)$$

模型估计采用极大似然估计：

$$\max_{\pi,\theta} \ln L = \sum_{i=1}^{N}\left(\log\left(\sum_{g=1}^{G}\pi_g f_g(y_i \mid x_i;\theta_g)\right)\right) \quad (2\text{-}5)$$

观测值 y_i 来自分类 g 的后验概率为

$$\Pr(y_i \in \text{segment } g \mid x_i, y_i;\theta) = \frac{\pi_g f_g(y_i \mid x_{ij}\theta_g)}{\sum_{g=1}^{G}\pi_g f_g(y_i \mid x_{ij}\theta_g)} \quad (2\text{-}6)$$

式（2-6）的后验概率可以用来对观测值进行分类。在有限混合模型中，每一个分类或者成分对应一个分组类别。关于分类数量的选取尚且没有统一的理论。在实际应用中较为常用的方式是：①从分类数量为二开始逐渐增加分类数量；②计算每个分类数量下的信息量准则值，如赤池信息量准则（Akaike information criterion，AIC）、贝叶斯信息量准则（Bayesian information criterion，BIC）以及经样本规模调整后的贝叶斯信息量准则（adjusted BIC）等；③选择使信息量准则取值最小的模型。Cameron 和 Trivedi 指出有限混合模型中理想的分类是每个分类都有合理的解释[111]。

以本书关注的借贷型众筹为例，投资者一方的信息往往受到借贷平台的隐私政策的保护，这给投资者决策行为研究带来了一定程度的挑战。有限混合模型可以利用可观测到的信息寻找背后的潜在的投资者分类，从而更好地刻画不同类型的投资者的特征。

2.3.3　倾向得分匹配

由于理想的实验条件和环境往往较难获得，学者在进行因果分析时采用的数据仍然有相当一部分来自观测性数据，而非实验数据。这种基于观测性数据的因果分析存在的一个问题是研究中干预组和对照组往往并非随机分配，个体之间不仅在是否受干预上有差异，还在其他很多方面存在差异。因此，数据中观察到的实验组和对照组之间的差异不能完全反映干预措施和结果之间的因果关系，干预措施具有内生性。减少选择性偏差的常用方法之一是倾向得分匹配[112]。该方法的

基本思想是利用降维算法将实验组和对照组的个体进行匹配使其具有可比性。当协变量的数量较多时（大于 5 个），倾向得分匹配方法表现较好。

假设个体 i 受到干预后的潜在结果为 $Y_i(1)$，个体 i 没有受到干预的潜在结果为 $Y_i(0)$。T_i 为代表干预的虚拟变量，若个体 i 受到干预则 $T_i=1$，否则有 $T_i=0$。个体 i 的结果为 $Y_i=Y_{0i}+(Y_{1i}-Y_{0i})T_i$。$X$ 为干预实施前个体的特征变量。为了表述方便，以下将省略下标 i。

为了分析干预的影响，可以考虑干预组的平均处置效应，具体的表示如下：

$$E[Y(1)-Y(0)\mid T=1]=E[Y(1)\mid T=1]-E[Y(0)\mid T=1] \tag{2-7}$$

其中，$E[Y(0)|T=1]$为受到干预的个体若没有受到干预会得到的结果，无法观察到。因而需要找到具有可比性的对照情形。

倾向得分匹配的两个主要假设包括：非混淆（unconfoundedness）假设和交叠（overlapping）假设。其中，非混淆假设有$(Y(0);Y(1)) \perp\!\!\!\perp T|X$，即给定 X，干预与结果相互独立。交叠假设是$0<\Pr(T=1\mid X)<1$，即保证给定 X 既有干预组的观察值又有对照组的观察值，即存在公共支持区域（common support region）。

倾向得分为给定 X，个体受到干预的条件概率：

$$p(X)=\Pr(T=1\mid X) \tag{2-8}$$

由上述两个假设可知$(Y(0);Y(1)) \perp\!\!\!\perp T|p(X)$。

以下以倾向得分匹配为例，介绍匹配的基本步骤。第一步，选择可观测的协变量。然后利用 logit 或者其他类型的离散选择模型将个体是否参与干预表示为协变量的函数。估计出的个体参与干预的概率的预测值称为倾向得分。第二步，定义距离用以评估两个样本之间的相似度。在倾向得分匹配中，距离被界定为两个样本倾向得分的绝对差异。第三步，选择特定的匹配算法将倾向得分近似的干预组和对照组的个体进行匹配。具体的匹配的方式包括最近邻居匹配（nearest neighbor matching）、卡尺匹配（caliper matching）、核匹配（kernel matching）和分层（subclassification）匹配等。第四步，诊断匹配样本的效果。匹配诊断的思路是检验干预组和对照组样本的平衡。最简单和常用的平衡诊断的方式是比较协变量的均值在两组之间是否存在差异，也可以包括方差、相关性、协变量之间的交互等分布特征，利用匹配后的样本来估计干预的效果，即处置效应。

然而倾向得分匹配方法仅针对可观测到的协变量进行配对。若存在既能影响干预变量又能影响结果变量的不可观测的特征，则不能满足非混淆假设。虽然对非混淆假设不能进行直接测试，但学者也提出了一些检验思路[113]。一种是考察已知为零的效应。例如，结果变量在干预之前的差异应该为零或者结果变量在多个对照组之间的差异应该为零。若相关测试表明这些差异不为零，则非混淆假设被视为不可能存在。另一种方式是分析处置效应对这些不可观测的变量的敏感性，具有代表性的有罗森鲍姆（Rosenbaum）的边界方法。

以本书关注的借贷型众筹为例，不同类型的借款项目（如抵押物为全款房屋或按揭房屋）存在着差异，这些差异的存在可能带来估计误差，可以基于可观测到的项目特征构造匹配样本以减少估计误差对研究的影响。

2.3.4　生存分析模型

生存分析是通过对非负随机变量进行统计推断来描述生存过程并分析相关因素对生存时间的影响的分析方法。医学领域常采用生存分析来研究某种药物的疗效、病人在手术后的存活时间等。该方法也被广泛应用到其他的领域，如用于研究产品的失效和失业人员找到工作的时间等。近年来社会学和管理学领域也越来越多地采用该类分析方法。生存分析模型包括参数模型、半参数模型以及非参数模型三大类。以下将以参数模型为例对生存分析的基本定义和常见模型进行简要介绍。

生存分析关注的是生存时间。生存时间是指从某个起点事件到某个终点事件发生所经历的时间，度量单位既可以是年、月、日、时等通常意义上的时间变量，也可以是距离等相关变量。这种类型的数据通常不服从正态分布，含有不完全数据（如删失数据和截断数据）。生存分析的结果变量为事件是否发生（失效）。

设生存时间 T 为连续非负的随机变量。若事件在经过时间 t 后发生则有概率密度函数 $f(t)$和累积分布函数 $F(t)=\Pr\{T<t\}$，x 为协变量向量，则生存函数（survival function）为

$$S(t)=\Pr\{T\geqslant t\}=1-F(t)=\int_t^{\infty}f(x)\mathrm{d}x \tag{2-9}$$

该函数给出了在时间 t 前个体仍然存活的概率或者更一般地表述为事件经过了时间 t 没有发生的概率。

刻画生存时间 T 的分布的另一种方式为风险函数（hazard function）或者称为事件发生的瞬时概率。定义如下：

$$\lambda(t)=\lim_{\mathrm{d}t\to 0}\frac{\Pr\{t\leqslant T<t+\mathrm{d}t\,|\,T\geqslant t\}}{\mathrm{d}t} \tag{2-10}$$

其中，分子为事件在$[t,t+\mathrm{d}t)$内发生的条件概率，分母为时间的长度，$\lambda(t)$为单位时间内事件发生的瞬时概率。由于$\lambda(t)=\dfrac{f(t)}{S(t)}=-\dfrac{\mathrm{d}}{\mathrm{d}t}\log S(t)$，则可得到

$$S(t)=\exp\left(-\int_0^t\lambda(x)\mathrm{d}x\right) \tag{2-11}$$

由上可知生存函数和风险函数均刻画了 T 的分布，它们之间可以互相转化。

（1）比例风险（proportional hazard，PH）模型。比例风险模型是生存分析模型中最常见的形式之一。个体于时间 t 失效的风险为

$$\lambda_i(t \mid x_i) = \lambda_0(t)\exp(x_i'\beta) \tag{2-12}$$

其中，$\lambda_0(t)$为个体在协变量 $x_i = 0$ 情况下的基准风险；$\exp(x_i'\beta)$ 为拥有 x_i 的个体的相对风险，代表了风险成比例地增加或者减少。式（2-12）中系数 β 的含义是在其他协变量不变的情况下，协变量 x_i 每增加一个单位时所引起的风险的自然对数的改变量。不同的比例风险模型对基准风险 $\lambda_0(t)$的设定不同。若基准风险为$\lambda_0(t) = \lambda_0$，则为指数（exponential）模型。若生存函数为$S(t) = \exp(-(\lambda t)^p)$，风险函数为$\lambda(t) = p\lambda(\lambda t)^{p-1}$，$\lambda>0$ 且 $p>0$，则为韦布尔（Weibull）模型。若 $p = 1$ 则该模型为指数模型，具有不随时间变化的常数风险；若 $p>1$ 则风险随时间增加；若 $p<1$ 则风险随时间降低。

（2）加速失效时间（accelerated failure time，AFT）模型。比例风险模型设定关注风险函数，而加速失效时间模型更关注协变量对生存时间的直接影响。若 T_i 为代表个体 i 生存时间的随机变量，考虑到 T_i 为非负数，对它的对数建立线性模型如下：

$$\log T_i = x_i'\beta + \varepsilon_i \tag{2-13}$$

若对式（2-13）两边取指数可以得到$T_i = T_{0i}\exp(x_i'\beta)$。可以看出，该模型是将生存时间的对数视为对随机误差项 ε_i 的漂移。

在上述两类参数模型的基础上，也有考虑个体相关性的共享脆弱模型（frailty model）和考虑多种失效原因的竞争风险模型。以下将简要进行介绍。

（3）共享脆弱模型。共享脆弱模型假定同一组别 i 内的个体或同一个体 i 的重复观测值具有共同的脆弱性。在构建基准风险函数时引入组别或个体 i 的效应κ_i。以比例风险函数为例，共享脆弱模型的风险函数如下：

$$\lambda_i(t \mid x_i) = \kappa_i\lambda_0(t)\exp(x_i'\beta) \tag{2-14}$$

为了便于进行模型参数识别，通常设κ_i遵循均值为 1 且方差为 θ 的伽马分布。$\kappa_i>1$表示对应个体因为协变量之外的原因而表现得比较脆弱，具有高失效风险；与之相对，$\kappa_i<1$则表示对应个体不脆弱，能够生存较长的时间。由式（2-14）可知，κ_i是以乘积的方式加入风险函数，因此可以将其视为一个或多个遗漏变量的累积效应。

（4）竞争风险模型。假设事件发生可能有 m 种不同的原因或类型$k \in \{1,2,\cdots,m\}$，随机变量 K 代表事件发生的原因或类型。由于事件的发生仅可能由于 m 种原因中的一种，则各种原因之间构成竞争关系。其中，原因别风险（cause-specific hazard）模型是常见的竞争风险模型。在式（2-10）的基础上进行扩展可以得到原因别风险函数，即个体由于原因 k 失效的瞬时概率为

$$\lambda_k(t) = \lim_{dt\to 0}\frac{\Pr\{t \leqslant T < t+dt, K = k \mid T \geqslant t\}}{dt} \tag{2-15}$$

式（2-15）的分子是在时间 t 前仍然存活的个体在$[t, t+\mathrm{d}t)$内因为原因 k 失效的条件概率，分母是时段 $\mathrm{d}t$，取极限 $\mathrm{d}t\to 0$。

$$\lambda(t)=\sum_{k=1}^{m}\lambda_k(t) \tag{2-16}$$

以本书关注的借贷型众筹为例，投资者的重要决策行为之一是何时进行投资，即一笔投资从开始到完成所经历的时间可以视为生存时间。本节介绍的生存分析模型能够对投资者的投资时间进行建模分析，从而更好地探究投资者的投资决策。

2.4 本章小结

本章首先介绍了金融科技、众筹的概念及分类，界定了本书所研究的借贷型众筹。其次，概括了与投资者在借贷型众筹活动中的决策行为相关的信息不对称理论、有限理性决策及有限注意力理论和羊群行为及观察学习理论等相关理论，并在此基础上给出了投资者决策行为的分析框架为后续研究提供理论支撑。最后，简要介绍了后续研究中涉及的多层线性模型、有限混合模型、倾向得分匹配和生存分析模型等。

第3章　投资者选择借贷平台的羊群行为研究

3.1　引　言

随着借贷型众筹活动的兴起和发展，越来越多的借贷型众筹平台出现。在这种借贷方式下投资者和借款者双方可以通过在线平台直接进行交易，免去了传统的商业银行等中间金融媒介，即去中介化。与传统的线下借贷相比，在线借贷活动减少了市场摩擦，降低了借贷双方的搜寻成本和交易成本，逐渐被越来越多的个体投资者所接受。

投资者在借贷型众筹活动中面临着不同于传统投资渠道的机遇和挑战。在机遇方面，参与借贷型众筹活动注册仅需几分钟、起始投资金额较小、进入门槛低。线下借贷活动受到地域、专业等限制，而参与借贷型众筹活动的投资者可以利用移动网络设备随时随地自主参与交易，决策更加灵活自主。在公开的网络环境下，投资者可获得的信息增加。投资者不仅可以获取关于借款者的基本信息（如年龄、性别及教育程度等）[16]，也可以观察到其他投资者的投资记录（如投资时间、投资金额及投资方式等）[38]。在挑战方面，在线的交易环境下信息不对称仍然存在，增加了投资者决策的难度。在匿名的网络环境下，投资者的交易对象多为陌生人。与传统的线下熟人借贷相比，辨别借款者信用的难度增大，并且对于借款者还款等进度的跟踪更加困难。同时，信息超载与信息异质性的广泛存在也对投资者处理和解读信息提出了更高的要求。借贷型众筹平台向用户公开披露了更多的信息，包括借款项目信息、借款者的信息以及投资记录信息。这些信息较传统线下借贷而言数量更大，构成更为复杂。例如，其既有结构化信息也有非结构化的信息，而投资者则缺乏足够的时间、精力以及专业能力对这些信息进行处理和吸收。在上述情况下，选择追随前面的投资者进行投资成为后续个体投资者最为简单且直接的方式。

现有研究多关注单一平台内部的投资者在选择借款项目时追随其他投资者的羊群行为，较少涉及宏观层面的平台选择时的投资者羊群行为。研究平台层面的羊群行为的积极意义主要表现在以下三个方面：首先，从决策过程的角度来看，参与借贷型众筹的投资者需要先选择可信赖和可靠的平台，然后再选择借款申请项目。研究平台选择时的羊群行为将有助于深入了解投资者在决策过程早期阶段的行为。其次，从决策的复杂程度来看，选择借贷平台比选择在线购物平台要复杂得多。借贷平台在借款者概况等可观察的特征和管理风格等不可观测的特征方面存在较大差异，从而导致潜在投资者所感知的风险水平有所差异。这种感知风险水平的变化会影响投资者的平台选择，可能影响他们的羊群行为。最后，为了保护投资者，各国政府或行业监管部门都发布了借贷行业的法规。例如，美国的《创业企业扶助法》。这些法规或指引可以增加投资者对借贷型众筹交易特点的认识，使投资者了解该类市场运行的基本规则和底线、识别潜在的交易风险，进而影响投资者对于其他投资者决策信息的需求及羊群行为的规模。探究不同的平台特征对羊群行为的调节作用、考察相关法规指引推出前后羊群行为的变化，可以为平台管理者提供管理启示和建议。

本章针对投资者与投资者、投资者与外部信息环境之间的联系，利用实证分析探究投资者在进行借贷型众筹平台选择时是否存在羊群行为；若羊群行为存在，则继续考察平台特征变量对羊群行为的调节作用、分析政府及相关部门发布的监管政策或规定对投资者羊群行为的影响。本章选取了我国借贷型众筹市场中的127家借贷平台44周的面板数据开展研究。数据集包括了投资者可以观察到的一系列的平台特征。例如，借款项目的数量，参与的投资者的数量，借款者的数量，借款的金额、利率和期限，平台的运营时间，平台的搜索指数，交易量，注册资本等。本章的羊群行为度量指标是基于每个平台每周的累积投资者的数量构建的。在市场层面，研究者和投资者均不能看到已有投资者的具体决策细节。已有文献表明这种描述性统计的特征在研究羊群行为时蕴藏着信息量[100]。本章的实证分析发现投资者在选择借贷平台时存在追随其他投资者的羊群行为。在模型构建时控制了不可观测的平台异质性和时间效应等因素。为了进一步探究平台特征对羊群行为的调节作用，本章利用多层线性模型来更好地捕捉数据的变异。研究表明后续投资者并非盲目地追随前面的投资者，他们的羊群行为会依据平台特征及外部政策指引而调整。例如，平台的市场份额会促进羊群效应，而平台的运营时间则会减弱羊群效应。针对政府及相关部门的法规指引等事件的研究表明投资者的羊群行为在监管政策和指引信息发布之后呈现减弱态势。

本章的内容安排如下：首先，介绍数据来源、变量的选取以及模型的设定；其次，针对投资者在平台选择时羊群行为的存在性、平台特征对羊群行为的调节作用以及监管政策指引对羊群规模的影响的实证结果进行分析和讨论；最后，给出本章研究对已有文献的贡献和管理启示。

3.2 研究设计

3.2.1 资料来源

本章所用数据来自网贷之家，该网站是一家第三方借贷型众筹行业门户网站。

该网站会发布借贷型众筹的行业资讯、数据、评级以及舆情等。借贷平台的数据包括平台的名称、平台的成交量、投资者人数、借款者人数、平均预期收益率以及借款期限等信息。本章以周为基本数据获取单位，抓取了数据收集时已运行三个月及以上的借贷平台以保证选取的样本均为经营稳定的借贷型众筹平台。最终研究样本为 2014 年 1 月 1 日至 2014 年 11 月 4 日共计 44 周 127 家借贷型众筹平台的公开交易数据。截至 2017 年 8 月，71%的平台仍处于正常经营状态。与此同时，考虑到样本期间内我国的网络借贷市场处于快速扩展时期且出现了相关的问题平台，本章也扩展了样本的区间，利用截至 2017 年 9 月 21 日已持续经营两年的 662 家平台的数据进行稳健性检验。

3.2.2　基本变量

表 3-1 给出了变量的定义及描述性统计。每个借贷型众筹平台可获取的、以周为基本分析单位的数据包括：借款项目数量、投资者数量、借款者数量、借款金额、借款利率、借款期限、运营时间、搜索指数、市场份额、注册资本、投资者集中程度、借款者集中程度、借款项目满标用时以及投资金额。其中，市场份额变量是特定平台的交易量占所有样本平台总交易量的比例，该变量用以衡量平台的市场竞争力。投资者集中程度以前十大投资者待收金额占全部待收金额的比例为代理变量，借款者集中程度以前十大借款者待还金额占全部待还金额的比例为代理变量，这两个指标反映了平台的参与者构成。投资者集中程度高，表明平台的投资金额主要是由少数投资者贡献的；借款者集中程度高，说明平台的借款集中在少数借款者手中。为了刻画特定平台每周的网络搜索量，本章也引入了搜索指数变量。该变量的数据来自 360 趋势。选取了每家样本平台的名称及其简称作为关键词进行搜索，通过网页抓取获得了样本平台在全国范围内每天在 360 搜索引擎中被搜索的次数，经平均后得到周数据。此外，根据信息观测的难易程度可以将上述变量分为两类：显著展示的特征及非显著展示的特征。前者指通常置于借贷网址显著位置，是投资者可以直接观察到的特征，包括借款项目数量、投资者数量、借款者数量、借款金额、借款利率、借款期限；后者则指需要投资者花费时间和精力方可获取的不能直接观察到的特征，包括运营时间、搜索指数、市场份额、注册资本、投资者集中程度、借款者集中程度、借款项目满标用时以及投资金额。由表 3-1 可知，平均而言，每个平台每周有 257.25 个成功借款项目、894.94 个投资者、99.75 个借款者；平台借款的平均利率为 18%，平均期限为 4.25 个月；平台的平均运营时间为 68.61 周，平均每周被 360 搜索 250.35 次。

表 3-1 变量的描述性统计

变量描述	变量符号	均值	标准误差
借款项目数量/个	Listings	257.25	826.10
投资者数量/个	Investors	894.94	1701.81
借款者数量/个	Borrowers	99.75	383.53
借款期限/月	Loan Duration	4.25	5.79
借款金额/(×10^3 元)	Loan Amount	216.60	400.42
借款利率	Interest Rate	0.18	0.13
运营时间/周	Op Time	68.61	52.27
搜索指数/次	Search Index	250.35	614.71
市场份额	Market Share	0.88	1.61
注册资本/百万元	Reg Capital	38.16	93.47
投资者集中程度	Inv Conc	0.18	0.15
借款者集中程度	Bor Conc	0.46	0.30
借款项目满标用时/小时	Funding Time	17.39	65.17
投资金额/(×10^3 元)	Amount Funded	11.01	83.23

图 3-1 给出了样本平台的周交易金额在样本区间内的趋势；图 3-2 给出了投资者的人均投资金额。总体而言，每周的交易金额整体呈现递增趋势，而每周的人均投资金额则呈现出波动的趋势。可以观察到的另一趋势是第 5 周、第 6 周以及第 40 周的交易金额均较低，这是因为这三周是节假日。后续研究中将引入时间固定效应进行控制。

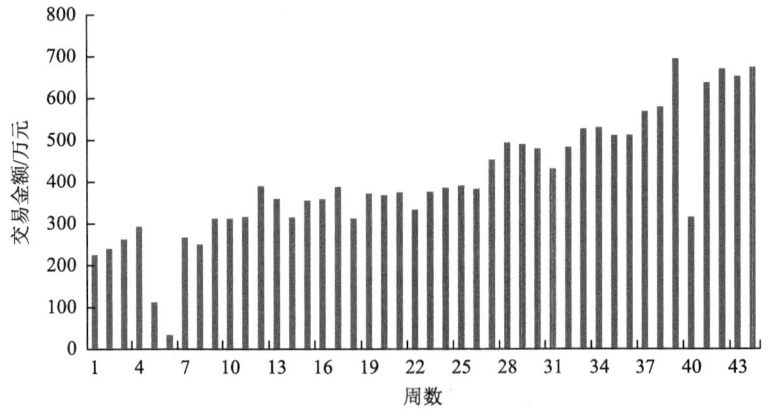

图 3-1 交易金额

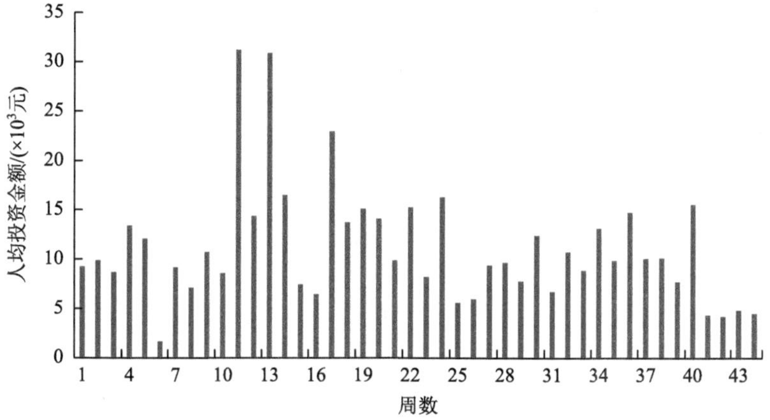

图 3-2 人均投资金额

关于羊群行为的度量，现有研究表明前面投资者行为的汇总统计可能包含着信息并引发羊群行为[100]。本章选取了针对投资者数量、投资金额以及借款项目满标用时三个方面的汇总统计信息来构造衡量羊群行为的变量。变量的具体含义如下。

投资者数量可以用以考察投资者的羊群行为[66]。在实际运营中，借贷型众筹平台也会在官方网站的显著位置向网页访问者披露投资者的数量。累积投资者数量可以在一定程度上反映投资者群体对特定平台的集体判断：平台的累积投资者越多说明平台在投资者中的认可程度越高，后续投资者选择追随前人的可能性越大；反之，则说明平台的认可度较低，而后续投资者也会减少其追随行为转而投资于其他平台。因此，本章主要的羊群度量指标是每个平台截至前一周的累积投资者数量。在控制其他条件情况下，若平台的累积投资者数量对下一周吸引的后续投资者有显著的正向影响，则羊群行为存在。

同时，投资金额反映了投资者的资金配置决策，也可用于刻画投资者的羊群行为[38, 66]。本章选取每个平台截至前一周的累积投资金额作为第二个羊群度量指标。在控制其他条件情况下，若羊群行为存在，则累积投资金额越大的平台吸引的后续资金越多。另外，现有研究也利用与投标时间相关的变量刻画投资者趋向于一致行动的速度，这是捕捉羊群行为的另一角度[67]。本章利用借款项目满标用时来度量投资者的羊群行为。若羊群行为存在，则前一周满标用时短的平台在下一周也将在短时间内成交。

3.2.3 模型设定

实证研究围绕以下三个方面展开：首先利用平台数据分析投资者在进行平台

选择时是否存在羊群行为；其次分析平台特征是否调节及如何调节投资者的羊群行为；最后分析相关监管政策或规定的发布对投资者羊群行为的影响。对应的模型设定如下。

1. 羊群行为的存在性

根据借贷型众筹领域的经典羊群行为研究，Zhang 和 Liu[38]建立起针对投资者在选择投资平台时的羊群行为的基本模型如下：

$$y_{it} = \alpha + \beta Y_{i,t-1} + X_{i,t-1}\gamma + \mu_i + \nu_t + \varepsilon_{it} \tag{3-1}$$

被解释变量 y_{it} 为平台 i 在 t 周的投资者数量的自然对数，主要解释变量 $Y_{i,\,t-1}$ 为平台 i 截至 t–1 周的累积投资者数量的自然对数。若系数 β 显著为正，则表明后续投资者更倾向于选择前期累积投资者数量多的平台，即羊群行为存在。解释变量矩阵 $X_{i,\,t-1}$ 包括滞后一期的平台特征变量：借款项目数量、借款期限、借款金额、借款利率以及借款者数量。此外，不可观测的因素，如营销支出和风险管理能力也会影响投资者的决策，为此模型中加入了平台固定效应 μ_i 来控制不随时间变化的因素带来的平台异质性。类似地，模型加入了时间固定效应变量 ν_t 来控制样本期间内可能存在的平台层面的冲击，如节假日影响、平台政策调整等。为了控制随机误差项的序列相关性和异方差性，估计采用了在平台层面聚类的稳健标准误差。

此外，本章还利用分位数回归探究不同分位数水平下投资者数量与羊群行为的规模之间的关系变化趋势。选取分位数回归主要基于以下考虑：传统的线性回归模型描述了被解释变量的条件均值分布与解释变量之间的关系，但该模型只能反映均值变化，受离群点的影响较大，并且需要满足基本假设条件。而分位数回归是回归分析的推广，它估计的是一组解释变量与被解释变量的条件分位数之间关系，它可以拟合在不同分位数水平下的估计值并且放松残差分布假设[114]。

2. 平台特征的调节作用

基本模型控制了可观察到的具有显著特征的变量对投资者平台选择决策的影响，然而现有研究表明不能直接观察到的变量也可能影响投资者决策，若忽视这些变量可能导致羊群行为的估计偏误[63]。本章将引入非显著展示的平台特征变量，建立扩展模型分析这些变量对羊群行为的调节作用。

特别地，新加入的平台变量从平台认知度、公众兴趣、资金状况、竞争情况以及参与者构成这些不同角度刻画了平台的特征。其中，运营时间反映长期运营的平台所具有的潜在优势，如平台声誉。搜索指数既可以衡量公众对于特定平台的关注程度，又有助于控制那些不可观测的随时间变化的变量，如平台的营销支出。鉴于平台资金状态也可能影响到投资者对于其可信度的认知，本章引入了市场份额和累积投资金额两个变量。前者捕捉了平台在短期内的资金状态而后者则反映了平台长期内的资金状态。注册资本刻画了平台在一定时期内相对稳定的资本状态，也能够影响潜在投资者对平台的信心。此外，投资者集中程度和借款者集中程度刻画了平台参与者的构成。在投资者集中程度较高的平台中，投资者能够选中意向借款项目机会较小，反之，投资者选择到其意向借款项目可能性更大；类似地，在借款者集中程度较高的平台中，风险集中于少数借款者手中，一旦他们违约，投资者将遭受较大损失。其中，注册资本、投资者集中程度以及借款者集中程度这三个变量在样本期间内具有有限的变异，而其他的变量则随着时间变化。

本章采用了多层线性模型对加入新的平台特征后的羊群行为进行建模。这里的多层既指数据的内在结构呈现层级关系，也指模型自身参数具有层级，即低层级模型中的参数可以构造为高层级变量的函数[109]。本章采用该模型进行参数估计应具有以下优势：首先，在模型估计中允许每个平台具有不同的羊群规模，而基本模型仅能估计整体的羊群规模；其次，可以同时估计出随时间变化和不随时间变化的平台特征对羊群行为的影响，而基本模型不能有效估计出那些与不随时间变化的变量相对应的参数。多层线性模型设定如下：

$$y_{it} = \beta_{0i} + \beta_{1i} Y_{i,t-1} + W_{i,t-1}\beta_2 + Y_{i,t-1} \times W_{i,t-1}\beta_3 + \varepsilon_{it} \tag{3-2}$$

$$\beta_{0i} = \gamma_{00} + Z_i \gamma_{01} + \xi_{0i} \tag{3-3}$$

$$\beta_{1i} = \gamma_{10} + Z_i \gamma_{11} + \xi_{1i} \tag{3-4}$$

式（3-2）为多层线性模型的第一层。其中，被解释变量为 y_{it}，主要解释变量为 $Y_{i,t-1}$。与式（3-1）不同的是系数 β_{0i} 和 β_{1i} 因平台而异带有下标 i，这样的建模设定方式不仅有助于控制平台层面的整体影响（与基本模型中的 μ_i 作用类似），而且能够允许羊群效应在样本平台之间的变异。其中，β_{0i} 度量了在所有解释变量为零的情况下，平台 i 的投资人数 y_{it} 的基本变异情况；β_{1i} 则刻画了羊群行为在不同平台 i 的规模。矩阵 $W_{i,t-1}$ 表示随时间变化的变量，包括式（3-1）中的平台特征变量及新加入的平台特征变量中的四个随时间变化变量，即运营时间、搜索指数、市场份额以及累积投资金额。β_3 是矩阵 $W_{i,t-1}$ 与羊群行为变量 $Y_{i,t-1}$ 的交互项的系数，该系数反映了矩阵 $W_{i,t-1}$ 中的变量对羊群行为的调节作用。

式（3-3）和式（3-4）为多层模型的第二层。其中，矩阵 Z_i 包括了新加入的平台特征变量中的三个不随时间变化的变量，即注册资本、投资者集中程度以及借款者集中程度。平台层面的参数 β_{0i} 和 β_{1i} 是矩阵 Z_i 和不可观测的随机误差项（ξ_{0i} 和 ξ_{1i}）的函数。估计量 γ_{01} 刻画了被解释变量 y_{it} 和不随时间变化的变量矩阵 Z_i 之间的关系，估计量 γ_{11} 量化了不随时间变化的变量矩阵 Z_i 对羊群行为的调节作用。系数 β_3 和 γ_{11} 是研究重点关注的参数。

3. 相关监管规定的影响

在本章的观测期间内，政府及相关部门对借贷型众筹的指导和监管尚处于起步阶段。关于借贷型众筹的监管政策和指引逐步推出并通过媒体进行了大量的报道。这些政策和指引中包含了借贷型众筹平台运营的基本准则等的相关知识，因而能够起到教育投资者的目的。

随之而来的问题是在政府及相关部门推行关于借贷型众筹市场交易原则和平台运营规范等监管政策规定后，投资者的羊群行为是否变化，若变化是如何变化的。本章选取了研究期间的五件网络借贷监管事件，如表 3-2 所示。

表 3-2 监管政策和规定

事件	内容	时间
事件一	中国支付清算协会互联网金融专业委员会召开网络借贷座谈会，听取了业界对监管的建议，并公布了《互联网金融专业委员会 2014 年工作计划》	2014 年 2 月 26 日
事件二	中国银行业监督管理委员会发布关于借贷型众筹平台运营的“四条红线”	2014 年 4 月 21 日
事件三	中国人民银行发布了《中国金融稳定报告（2014）》，系统地阐释了互联网金融的体系、业态、作用及互联网金融监管五大原则	2014 年 4 月 24 日
事件四	在“2014 中国银行业发展论坛”上，中国银行业监督管理委员会相关人员出席并做主题为“互联网金融创新与监管”的报告，详细披露了网络借贷行业的监管思路	2014 年 7 月 8 日
事件五	中国支付清算协会官员在公开场合表示网络借贷归中国银行业监督管理委员会监管	2014 年 10 月 20 日

注：根据公开资料整理

为了量化上述事件对投资者羊群行为的影响，本章构造了五个虚拟变量，记作 D_{jt}。具体而言，$D_{jt}=\begin{cases}1, & t \geqslant T_j \\ 0, & \text{其他}\end{cases}$，其中，$j=1, 2, 3, 4, 5$ 分别为五件监管事件；T_j 为监管事件 j 发生的周数。监管事件虚拟变量 D_{jt} 设定如下：以发生在第九周的事件一为例，对应的监管事件虚拟变量 D_{1t} 在事件发生前（即第九周之前）取值为 0，在事件发生后（即第九周及以后）取值为 1，则用于研究监管事件对羊群行为影响的模型设定如下：

$$y_{it}=\alpha+\beta Y_{i,t-1}+X_{i,t-1}\gamma+\sum_{j=E1}^{E5}\delta_j Y_{i,t-1}\times D_{j,t-1}+\mu_i+\varepsilon_{it} \tag{3-5}$$

式（3-5）的被解释变量和主要解释变量同式（3-1）。其中，系数 β 度量了总体的羊群效应；δ_j 度量了监管事件 j 所引起的羊群效应的变动。现有文献表明若投资者接触更多的信息，则会降低羊群倾向[63, 115]，因此预期系数 δ_j 为负值。

3.3　实证结果及分析

3.3.1　投资者选择平台的羊群行为存在性

表 3-3 为基本模型的估计结果。其中第（1）列、第（2）列、第（3）列分别为无固定效应、加入平台固定效应以及加入平台和时间固定效应后的估计结果。由结果可知，主要解释变量 $Y_{i,\,t-1}$ 的估计系数在以上三种模型设定下均显著为正，这表明投资者在进行借贷型众筹平台选择时表现出羊群行为。前期累积投资者数量越多的平台，越能够在下一期吸引到更多的投资者。通过比较表 3-3 的前三列的模型估计结果可知，在加入平台固定效应和时间固定效应之后，度量羊群效应的系数 β 变大，这说明若不考虑平台固定效应和时间固定效应将低估羊群效应的规模。鉴于第（3）列的模型设定调整后的拟合优度的值最大，本章将以考虑了平台固定效应和时间固定效应的式（3-1）为基本模型。其他控制变量 $X_{i,\,t-1}$ 的系数表明借款项目数量、借款金额、借款利率以及借款者数量对下一期的投资者数量具有正向影响；而借款期限指标则对下一期的投资者数量具有负向影响。前三个指标越大说明平台借款需求越大、收益越高，因而投资者会增加对平台的投资；而借款期限越长，投资者所面临的机会成本越高，不确定性越大，因而减少投资。

表 3-3　模型估计结果

变量	（1）	（2）	（3）	（4）
	无固定效应	平台固定效应	平台和时间固定效应	控制非线性
累积投资者数量（Cum Inv）	0.156***	0.159***	0.277***	0.291***
	（0.005）	（0.011）	（0.023）	（0.021）
借款项目数量（Listings）	0.089***	0.100***	0.100***	0.095***
	（0.023）	（0.037）	（0.033）	（0.034）
借款期限（Loan Duration）	−0.028	−0.108***	−0.070**	−0.051
	（0.023）	（0.041）	（0.034）	（0.034）
借款金额（Loan Amount）	0.211***	0.144***	0.122***	0.140***
	（0.017）	（0.033）	（0.032）	（0.033）
借款利率（Interest Rate）	0.836**	3.229***	1.745**	1.281*
	（0.378）	（0.830）	（0.729）	（0.709）
借款者数量（Borrowers）	0.201***	0.110**	0.106**	0.126**
	（0.029）	（0.052）	（0.048）	（0.051）

续表

变量	(1)	(2)	(3)	(4)
	无固定效应	平台固定效应	平台和时间固定效应	控制非线性
累积投资者数量的平方（Cum Inv Squared）	—	—	—	-0.088^{***}
	—	—	—	(0.033)
截距项（Intercept）	1.340^{***}	1.459^{***}	1.104^{***}	1.079^{***}
	(0.129)	(0.314)	(0.270)	(0.261)
平台固定效应	×	√	√	√
时间固定效应	×	×	√	√
观测值个数（N）	4499	4499	4499	4499
调整的拟合优度（Adjusted R^2）	33.9%	34.4%	49.6%	50.0%

注：括号中数值为稳健标准误差

***、**、*分别表示 1%、5%、10%的显著性水平

“√”表示模型中已控制相应变量；“×”表示模型中未控制相应变量

本章还加入了累积投资者数量的平方以控制羊群效应可能存在的递减趋势[66]。估计结果如表 3-3 中第（4）列所示。解释变量累积投资者数量的估计系数仍然显著为正，表明投资者在选择借贷平台时的羊群效应仍然存在。累积投资者数量的平方的系数的估计值为负且在 1%的水平下显著，该结果表明借贷型众筹中投资者的羊群行为呈现边际递减趋势，即每一单位累积投资者数量所能够带来的下一期的投资者数量的增量是逐渐变小的。

分位数回归结果如表 3-4 所示。参数估计结果表明，羊群度量指标的估计系数在不同分位数水平（以 τ 表示）下均在统计上显著为正，说明羊群行为在具有不同投资者数量的平台中都存在；随着被解释变量（即投资者数量）的分位数水平提高，羊群度量指标的系数逐渐变小，这样的变化趋势表明羊群行为在投资者数量较小的平台中表现更为显著。借款基本特征的系数也具有合理性：借款利率的系数呈现出随着分位数水平增加而减少的趋势，而借款期限的系数呈现出随着分位数水平增加而增加的趋势。这意味着较高的利率和较短的借款期限对于投资者数量较小的平台而言是吸引更多的投资者的有利因素；而对于投资者数量较大的平台而言，投资者则更倾向于选择较低的利率和较长的期限。

表 3-4　分位数回归结果

变量	(1)	(2)	(3)	(4)	(5)
	$\tau=10\%$	$\tau=25\%$	$\tau=50\%$	$\tau=75\%$	$\tau=90\%$
累积投资者数量（Cum Inv）	0.426^{***}	0.406^{***}	0.358^{***}	0.318^{***}	0.263^{***}
	(0.010)	(0.009)	(0.006)	(0.010)	(0.010)

续表

变量	(1)	(2)	(3)	(4)	(5)
	$\tau=10\%$	$\tau=25\%$	$\tau=50\%$	$\tau=75\%$	$\tau=90\%$
借款项目数量（Listings）	−0.007	0.009	−0.005	−0.025**	0.007
	(0.015)	(0.017)	(0.010)	(0.011)	(0.018)
借款期限（Loan Duration）	−0.020	0.038***	0.084***	0.115***	0.119***
	(0.014)	(0.012)	(0.009)	(0.011)	(0.016)
借款金额（Loan Amount）	0.154***	0.144***	0.192***	0.195***	0.185***
	(0.012)	(0.013)	(0.012)	(0.016)	(0.014)
借款利率（Interest Rate）	1.837***	0.766***	−0.161	−1.127***	−2.21***
	(0.189)	(0.134)	(0.137)	(0.151)	(0.220)
借款者数量（Borrowers）	0.183***	0.160***	0.204***	0.233***	0.219***
	(0.022)	(0.018)	(0.015)	(0.021)	(0.021)
截距项（Intercept）	−0.984***	−0.277**	0.329***	1.109***	2.149***
	(0.121)	(0.113)	(0.066)	(0.072)	(0.133)
时间固定效应	√	√	√	√	√
伪拟合优度（Pseudo R^2）	62.0%	62.0%	62.7%	61.8%	59.5%

注：括号中数值为稳健标准误差

***、**分别表示 1%、5%的显著性水平

“√”表示模型中已控制相应变量

综合累积投资者数量、借款利率以及借款期限的系数在不同分位数之间的变动可知，投资者在选择平台时具有一定的策略性：具有较少投资者的平台往往信息公开程度较低，信息不对称较为严重，投资者需要借助更多的信息来减少决策的不确定性。投资者在面对这类平台时不仅会从前面投资者的选择中获取可能存在的私人信息来支持自身决策，也会注重在短时间内获取高收益，降低平台不确定性（如跑路等）带来的风险。而面对具有较多投资者的平台时，投资者可以获得的公开信息更多，不确定性相对较低，因而决策更加独立。他们追随前面投资者决策的倾向降低，同时对于低收益和长借款期限也具有一定的容忍度。

3.3.2　平台特征对投资者羊群行为的影响

关于平台特征对羊群行为的调节作用的估计结果如表 3-5 第（1）列所示。以下将按照平台关注度、平台资金状况以及参与者构成的顺序对模型估计结果逐一分析和讨论。累积投资者数量和市场份额的交互项及累积投资者数量和累积投资

金额的交互项均显著为正，这意味着市场份额（Market Share）和累积投资金额（Cum Amt Fund）加速了投资者在进行平台选择时的羊群行为。该结果可以由平台风险解释，那些以交易量衡量的市场份额越大、累积投资金额越大的借贷平台越具有相对小的风险[38]，投资者在这种情况下更愿意追随前面投资者的决策而选择这些平台。

表 3-5　平台特征对羊群行为的调节作用

变量	(1)		(2)		(3)	
	全部平台		小平台		大平台	
累积投资者数量（Cum Inv）	0.820***	（0.116）	0.651***	（0.221）	0.994***	（0.146）
借款项目数量（Listings）	0.087	（0.119）	0.095	（0.188）	0.069	（0.165）
借款期限（Loan Duration）	−0.085	（0.108）	−0.118	（0.158）	−0.198	（0.173）
借款金额（Loan Amount）	0.907***	（0.162）	0.858***	（0.278）	1.402***	（0.217）
借款利率（Interest Rate）	−0.889	（1.688）	−2.908	（2.350）	−1.975	（2.587）
借款者数量（Borrowers）	0.898***	（0.200）	0.834***	（0.315）	1.367***	（0.282）
运营时间（Op Time）	0.332***	（0.103）	0.193	（0.127）	0.316	（0.200）
搜索指数（Search Index）	0.188**	（0.075）	0.300***	（0.100）	0.049	（0.119）
市场份额（Market Share）	−0.598***	（0.154）	−0.374	（0.284）	−0.637***	（0.231）
累积投资金额（Cum Amt Fund）	−0.549***	（0.068）	−0.579***	（0.098）	−0.667***	（0.100）
注册资本（Reg Capital）	−0.015	（0.096）	−0.079	（0.135）	−0.007	（0.126）
投资者集中程度（Inv Conc）	−0.011	（0.199）	0.464	（0.297）	0.002	（0.266）
借款者集中程度（Bor Conc）	0.249*	（0.130）	0.177	（0.181）	0.230	（0.170）
累积投资者数量（Cum Inv）×借款项目数量（Listings）	−0.001	（0.007）	−0.004	（0.012）	0.001	（0.009）
累积投资者数量（Cum Inv）×借款期限（Loan Duration）	0.004	（0.006）	0.011	（0.010）	0.008	（0.010）
累积投资者数量（Cum Inv）×借款金额（Loan Amount）	−0.060***	（0.010）	−0.063***	（0.018）	−0.085***	（0.013）
累积投资者数量（Cum Inv）×借款利率（Interest Rate）	0.056	（0.102）	0.226	（0.151）	0.097	（0.149）
累积投资者数量（Cum Inv）×借款者数量（Borrowers）	−0.060***	（0.012）	−0.063***	（0.020）	−0.084***	（0.016）
累积投资者数量（Cum Inv）×运营时间（Op Time）	−0.025***	（0.007）	−0.018*	（0.009）	−0.025**	（0.012）
累积投资者数量（Cum Inv）×搜索指数（Search Index）	−0.003	（0.005）	−0.013*	（0.007）	0.006	（0.007）

续表

变量	（1）		（2）		（3）	
	全部平台		小平台		大平台	
累积投资者数量（Cum Inv）×市场份额（Market Share）	0.049***	（0.009）	0.039**	（0.019）	0.054***	（0.013）
累积投资者数量（Cum Inv）×累积投资金额（Cum Amt Fund）	0.026***	（0.004）	0.033***	（0.007）	0.031***	（0.006）
累积投资者数量（Cum Inv）×注册资本（Reg Capital）	0.004	（0.006）	0.009	（0.009）	0.001	（0.007）
累积投资者数量（Cum Inv）×投资者集中程度（Inv Conc）	−0.023*	（0.012）	−0.060***	（0.020）	−0.013	（0.015）
累积投资者数量（Cum Inv）×借款者集中程度（Bor Conc）	−0.015**	（0.008）	−0.014	（0.012）	−0.015	（0.010）
截距项（Intercept）	−6.639***	（1.929）	−3.392	（3.429）	−9.273***	（2.488）
观测值个数（N）	3966		1746		2220	

注：括号中数值为稳健标准误差

***、**、*分别表示1%、5%、10%的显著性水平

累积投资者数量与运营时间交互项的系数为负，这表明运营时间具有减弱投资者羊群行为的作用。该结果可以从信息的角度进行解释。运营时间长的平台被媒体报道披露及被投资者讨论的深度和广度更高，投资者公开可得的信息量相对较大。投资者会利用这些公开的大量信息进行判断，从而做出投资决策，他们对其他投资者行为的依赖性较弱。运营时间较短的平台公开可得信息相对较少，投资者在进行决策时所面临的不确定性更大。在信息相对不足的情况下，投资者倾向于追随前面投资者的决策。这是因为前面投资者的行为可能反映了他们所掌握的私人信息，能够减低投资不确定性。

关于投资者集中程度的调节作用，估计结果表明累积投资者数量与投资者集中程度的交互项的系数显著为负，该结果可以从以下两方面解释：一方面，大的投资者在投资中占据优势。他们在资金势力等方面比其他众多小投资者强，他们在选择意向借款项目（如收益高）时往往具有更强的竞争力。而小的投资者在投资者集中程度越高的平台中则越处于劣势，他们在市场中选择到自己满意的借款项目的机会也越小，获得收益的机会也越小。另一方面，信息有助于减少决策的不确定性。在借贷型众筹中，信息能够降低投资者追随前面投资者的羊群倾向[38]。当平台的投资者集中程度较低时，后续的投资者更倾向于将前面投资者的行为归因于其拥有的私人信息，而当平台的投资者集中程度较高时，后续投资者认为前面投资者的行为是由大的投资者的控制造成的，并非投资者集体智慧的结果。因

此，在少数投资者占据借贷市场中的大部分资金时，投资者会减弱追随前面投资者的行为。

累积投资者数量与借款者集中程度的交互项的系数显著为负。这表明借款者集中程度对投资者的羊群行为具有减弱作用。该结果是合理的，因为当平台中的借款来自少数借款者时风险更加集中，一旦这些借款者违约将直接影响到投资者的投资回报。考虑到风险的集中性，投资者会降低其追随前面投资的倾向[115]。

此外，为了考察不同规模的平台的影响，表 3-5 的第（2）列和第（3）列分别给出了市场份额小于和大于总体均值的借贷型众筹平台的估计结果。结果表明在占市场份额较大的平台中，投资者羊群效应较大，运营时间的调节作用更大，而投资者集中程度和借款者集中程度对羊群行为无显著的调节作用。

3.3.3 监管事件对投资者羊群行为的影响

关于监管事件对投资者羊群行为影响的估计结果如表 3-6 所示。除事件四外，监管事件虚拟变量与主要解释变量的交互性的估计系数都显著为负。该结果表明相关监管政策和规定的发布对于投资者的羊群行为具有显著的负向影响，即投资者会根据监管政策调整其羊群行为。并且，监管事件对投资者羊群行为的影响因事件类型的不同而有所差异。主要结论如下：涉及借贷型众筹活动的正式监管规范、监管机构的监管政策对羊群行为的减弱作用较大（如事件二和事件五）；关于借贷型众筹监管的非正式的监管指引和建议对羊群行为的减弱作用较小（如事件一和事件四）；而专门针对借贷型众筹这一特定活动的监管事件比涵盖较广范围的金融科技事件对羊群行为的影响更大（如事件三）。

表 3-6 监管事件对羊群行为的影响

变量	参数估计值	标准误差
累积投资者数量（Cum Inv）	0.206***	0.019
借款项目数量（Listings）	0.105***	0.035
借款期限（Loan Duration）	–0.079**	0.036
借款金额（Loan Amount）	0.129***	0.031
借款利率（Interest Rate）	2.348***	0.777
借款者数量（Borrowers）	0.114**	0.050
累积投资者数量（Cum Inv）×事件一（D_{1t}）	–0.006*	0.004
累积投资者数量（Cum Inv）×事件二（D_{2t}）	–0.006***	0.002

续表

变量	参数估计值	标准误差
累积投资者数量（Cum Inv）×事件三（D_{3t}）	–0.003*	0.002
累积投资者数量（Cum Inv）×事件四（D_{4t}）	0.002	0.002
累积投资者数量（Cum Inv）×事件五（D_{5t}）	–0.025***	0.004
截距项（Intercept）	1.051***	0.326
观测值个数（N）	4499	—
调整的拟合优度（Adjusted R^2）	37.1%	—

***、**、*分别表示1%、5%、10%的显著性水平

综上所述，相关监管政策或规定的发布能够降低投资者的羊群效应，这意味着相关政策规定的变动会影响到投资者对借贷型众筹活动的认识及其对借贷型众筹活动发展前景的预期，从而影响到投资者的投资决策行为。因此，政策制定者或监管者可以根据借贷型众筹市场的发展情况及时地发布指引，并且推出规范借贷型众筹活动的规定或指导意见，这些政策规定能够起到教育投资者、影响投资者行为的作用。投资者的风险意识和风险控制能力的提高对于促进借贷型众筹市场的健康持续发展具有积极的现实意义。

3.3.4 稳健性检验

本节将从模型设定、变量设定以及样本选取三个方面对结果进行稳健性检验。具体包括如下内容。

1. 参数估计问题

针对多重共线性问题，本节针对全部变量计算了方差膨胀系数。方差膨胀系数的均值为2.66小于5，可以认为不存在严重的多重共线性。另外的一个估计问题是异方差，即随机误差项的方差可能因平台而不同。本节利用平台的注册资本作为平台规模的度量，用所有自变量和因变量除以平台的注册资本，然后对模型进行重新估计。结果见表3-7的第（1）列。针对随机误差项可能存在序列相关的问题，本节还估计了一阶序列相关模型。由表3-7的第（2）列可知，控制了一阶序列相关后研究结果是稳健的。此外，本节还估计了随机效应模型，结果如表3-7的第（3）列所示。针对随机效应或固定效应的豪斯曼（Hausman）检验[116]的结果表明χ^2的值在0.01的水平上显著，因而采用固定效应在统计上是合理的。

表 3-7　参数估计问题

变量	（1）	（2）	（3）
	异方差性	一阶序列相关	随机效应
累积投资者数量（Cum Inv）	0.576***	0.320***	0.294***
	（0.044）	（0.014）	（0.017）
借款项目数量（Listings）	0.154***	0.083***	0.053**
	（0.023）	（0.026）	（0.027）
借款期限（Loan Duration）	–0.037	–0.064**	–0.001
	（0.035）	（0.026）	（0.032）
借款金额（Loan Amount）	0.091***	0.056***	0.158***
	（0.023）	（0.019）	（0.029）
借款利率（Interest Rate）	–0.031	1.464***	–0.055
	（0.644）	（0.525）	（0.450）
借款者数量（Borrowers）	0.033*	0.048	0.151***
	（0.017）	（0.031）	（0.040）
截距项（Intercept）	1.274***	0.128	1.179***
	（0.214）	（0.427）	（0.206）
时间固定效应	√	√	√
观测值个数（N）	4499	4372	4499
调整的拟合优度（Adjusted R^2）	49.3%	41.3%	49.8%

注：因变量滞后一期，平台聚类稳健的标准误差

***、**、*分别表示 1%、5%、10%的显著性水平

“√”表示模型中已控制相应变量

2. 固定效应泊松回归

鉴于主要解释变量累积投资者数量的取值总为正，本节采用带有固定效应的泊松回归进行重新分析。新的模型的估计结果见表 3-8 的第（1）列。由结果可知，累积投资者数量的系数为正且在 1%的水平下显著，因而支持了基本模型的结果，即投资者在选择借贷平台时存在追随他人的羊群行为。

表 3-8　稳健性检验结果

变量	（1）	（2）	（3）	（4）
	固定效应泊松回归	累积投资金额	借款项目满标用时	不同样本期间
累积投资者数量（Cum Inv）	0.060***	—	—	0.208***
	（0.006）	—	—	（0.031）

续表

变量	(1)	(2)	(3)	(4)
	固定效应泊松回归	累积投资金额	借款项目满标用时	不同样本期间
累积投资金额（Cum Amt Fund）	—	0.149*	—	—
	—	(0.081)	—	—
借款项目满标用时（Funding Time）	—	—	0.565***	—
	—	—	(0.050)	—
借款项目数量（Listings）	0.010*	−0.058**	−0.015	0.092***
	(0.006)	(0.028)	(0.054)	(0.032)
借款期限（Loan Duration）	−0.015**	0.047	−0.076	−0.067**
	(0.007)	(0.042)	(0.051)	(0.030)
借款金额（Loan Amount）	0.025***	0.122***	−0.044	0.378***
	(0.006)	(0.034)	(0.051)	(0.026)
借款利率（Interest Rate）	0.325**	−1.385*	1.614**	0.068***
	(0.138)	(0.827)	(0.709)	(0.007)
借款者数量（Borrowers）	0.022**	0.091**	−0.013	0.391***
	(0.009)	(0.041)	(0.059)	(0.040)
截距项（Intercept）	—	1.049***	0.854***	1.463***
	—	(0.196)	(0.304)	(0.220)
平台固定效应	√	√	√	√
时间固定效应	√	√	√	√
观测值个数（N）	4 499	4 384	4 493	43 115
调整的拟合优度（Adjusted R^2）	—	10.7%	28.4%	24.96%

注：括号中数值为稳健标准误差

***、**、*分别表示 1%、5%、10%的显著性水平

"√" 表示模型中已控制相应变量

3. 不同羊群行为度量

如前文指出，累积投资金额也可以作为羊群的度量。表 3-8 第（2）列给出了以当期的投资金额作为被解释变量，滞后一期的累积投资金额作为主要解释变量对模型进行重新估计得出的结果。主要解释变量累积投资金额的系数显著为正，表明前期累积投资金额大的平台将吸引更多的后续投资。这与 Zhang 和 Liu 利用累积投资金额作为主要羊群行为变量得出羊群效应存在的结论是一致的[38]。另外，表 3-8 的第（3）列给出了以平台在第 t 周的借款项目满标用时为被解释变量，以 t–1 期的借款项目满标用时为解释变量对基本模型进行重新估计得出的结果。

主要解释变量的系数在 1%的水平下显著为正，意味着前期投资者集体行动的投资速度越快，后续投资者的投资速度也越快，羊群行为存在。

4. 不同样本期间

我国的网络借贷市场在经历了行业的快速扩张和增长后，相关问题暴露。例如，2015 年 12 月 e 租宝因虚构融资租赁项目事件被查①，网络借贷市场深陷信任危机。2016 年 8 月我国出台《网络借贷信息中介机构业务活动管理暂行办法》增强监管和整治。本书选取了截至 2017 年 9 月 21 日已持续经营两年的 662 家借贷型众筹平台的数据对模型进行重新估计。估计结果如表 3-8 第（4）列所示。可以看出，累积投资者数量的系数在 1%的水平下显著为正，支持了研究得出的基本结论。因此，在借贷型众筹市场逐步发展完善、监管落地的情况下，投资者在平台选择方面的羊群行为仍显著存在。

3.4 理论贡献和管理启示

本章对现有文献具有以下方面的贡献：第一，从新的平台视角提供了投资者在借贷型众筹的羊群行为及其影响因素，补充了既有的借贷型众筹研究。投资者参与借贷众筹活动面临着选择投资平台的决策，因为平台的质量与投资者的收益息息相关。已有研究大量考察了投资者在选择借款项目时的决策行为，而缺少平台选择层面的探究。此外，现有研究主要集中在单一的平台，而本章则利用多个平台的数据，研究了投资者进行决策的重要机制之一的羊群机制。第二，通过探究羊群行为的平台影响因素，证明了投资者在选择平台时的理性羊群行为。既有的羊群研究关于理性和非理性羊群行为的探讨主要集中在金融领域，而借贷型众筹中羊群行为的理性与否主要集中在借款项目层面。具有代表性的是 Zhang 和 Liu 的研究，该研究通过探究有利和不利的借款项目特征对羊群行为的调节作用的方向，得出了投资者在选择借款项目时的羊群行为是理性的结论[38]。本章通过利用随时间变化和不随时间变化的平台特征，探究了其对羊群行为的影响，研究发现投资者的羊群行为因不同的平台特征而有相应的调整，其行为具有理性，并非盲目跟从其他投资者。第三，关于相关监管政策或规定的发布对投资者羊群行为的影响是对现有文献的有益补充。现有研究分析了平台层面的政策的影响，包括了定价政策、小组领袖奖励政策以及参与限制等；政府层面的监管政策对投资者羊群行为影响的研究尚且不足。本章选取了政府及相关部门的监管规则指引进行分析，该类政策的影响范围更广泛，涉及借贷型众筹市场中的所有参与者。本章得

① 《“e 租宝”非法集资案真相调查》，https://www.spp.gov.cn/zdgz/201602/t20160201_111982.shtml[2022-02-27]。

出羊群行为的规模在相关监管规则或指引发布后减弱，并且发现了不同类型的监管政策在影响力方面的差异。该结果也意味着政府及相关部门可以通过发布政策和指导来进行投资者教育。

本章的研究发现能够为借贷平台管理者和政策制定者提供以下启示。首先，本章发现了借贷平台的特征能够调节投资者在选择借贷平台时的羊群行为。这意味着平台可以利用相关特征来改善平台的运营。例如，平台管理者可以通过提高市场份额和投资者的累积投资金额来推动羊群效应以吸引更多的投资者；同时，那些运营时间较长的平台要避免羊群行为，维持稳定的投资者群体。其次，本章得出投资者会对与投资风险和投资规范相关的监管政策及规定做出积极的反应的结论。这意味着政策制定者可以通过持续的发布信息和指导来增加投资者对借贷型众筹活动的认识，增强其风险意识，促进借贷型众筹市场的健康、稳定发展。

3.5 本章小结

本章利用我国借贷型众筹市场中多个借贷型众筹平台的数据，运用固定效应回归、分位数回归、多层线性模型以及泊松回归等方法实证分析了投资者在选择借贷平台时的羊群行为。研究表明：首先，投资者在选择平台时存在羊群行为，即投资者倾向于选择前期已聚集较多投资者的平台。其次，平台特征对羊群行为具有调节作用。这些平台特征变量既包括投资者能够观察到的显著的平台特征及需要耗费精力才能获取到的非显著展示的平台特征，又包括随时间变化的平台特征及不随时间变化的平台特征。最后，鉴于政府为引导和规范该新兴市场发展所推出的政策规定可能会对投资者行为乃至投资者羊群行为造成影响，本章引入了样本期间内的与监管相关的监管事件，发现投资者在平台选择方面的羊群行为随着相关监管规定的发布呈现出逐渐减弱的趋势。本章得出的结果对于借贷型众筹平台管理者和政策制定者均具有重要意义。

第4章　同伴感知匿名程度对投资者决策的影响

4.1　引　　言

近年来，对等式或点对点在线交易在各领域兴起并快速发展。例如，在爱彼迎等平台上进行的房主和租户之间的房屋租赁交易、在优步和滴滴等平台上进行的司机和乘客之间的交通出行交易，以及初创企业和投资者之间的交易。这些对等式在线交易的共同特点之一是个体用户借助在线平台同陌生的交易对手进行交易。类似地，借贷型众筹是匹配投资者和借款者的在线筹资活动。如何获取更多的信息来减少信息不对称、降低交易风险是个体决策者关注的重要问题。

在实践中，借贷平台通常会公开借款者的部分信息，如性别、年龄、工作收入以及借款历史记录等。这些信息能够在一定程度上为投资者判断借款者的质量提供依据，但仍有限。为了更好地进行决策，投资者会观察和参照其他投资者的行为，从中推测行为背后的私人信息或信号。上述观察学习的过程的结果表现为追随同伴的羊群行为。然而，并非所有同伴投资者的行为的信号对后续投资者的决策都具有同等效力。作为风险共担、利益共享的伙伴，投资者不仅希望观察到其他投资者的投资决策行为，也希望追随那些可靠、可信度高的同伴。

同伴投资者的在线身份信息可以成为判断其可信度的线索。在传统的线下社会交流活动中，个体用户会通过展示身份描述信息确立其在特定群体中的印象、声誉或地位等[117]。类似地，身份描述信息也可以塑造个体在线上平台的行为。例如，在线身份可以加强虚拟社区中用户之间的交流，帮助用户建立和维系关系，影响个体在其他用户眼中的印象。个体在线社区活动中可以采取的身份描述信息包括用户名、签名、头像、个人主页等。本章关注的用户名是其中最为普遍和直接的用户身份信息标识之一。用户名通常具有以下特点：首先，大部分的网站对用户名的设定没有特别的规定，用户可以按照自己的意愿选择用户名。其次，个体的用户名通常对其他注册用户可见。这就意味着个体可以利用用户名影响其他人对他的态度和看法。同时作为观察者的后续投资者可以通过用户名推断已知投资者的可信度并做出是否追随其进行投资的决策。

本章从后续投资者即观察者的角度出发，依据感知匿名程度将投资者划分为三类：采用看起来像真实姓名作为用户名的同伴投资者、采用昵称的同伴投资者，以及采用完全匿名的同伴投资者。投资者在线身份的匿名程度与后续投资者羊群行为之间的关系可能存在两种相对立的可能性。传统观点认为，匿名无法提供有关信息来源的个人线索，从而降低了信息接收者感知到的信息来源的可信度并降低了信号的信息价值[118-120]。后续投资者可能会认为匿名程度高的已知投资者的可信度较差，从而减弱追随倾向。但是，在线匿名程度的研究也表明可能存在相反的效果。借贷型众筹是一个在线投资社区[121]。在以投资为导向的在线环境中，保持高匿名状态成为一种公认的行为标准[122]。而在用户名中自愿展示包含身份信息的高调行为则可能会引起信息接收者或观察者的反对和怀疑[123]，降低其追随行为倾向。本章将利用借贷型众筹平台的数据通过实证分析来检验上述两种可能性，以便加深对匿名程度与可信度及羊群行为关系的认识，进而为平台管理者提供管理建议。

本章的内容安排如下：首先，基于羊群行为和观察学习理论、感知匿名程度和感知可信度的关系给出研究的理论框架，并介绍平台、数据和变量的选取；其次，基于有限混合模型和多层线性模型开展实证检验，并对实证检验的结果进行分析和讨论；最后，给出本章研究对现有众筹研究的理论贡献和管理启示。

4.2 研究设计

4.2.1 研究框架

1. *羊群行为和观察学习理论*

信息技术的进步及平台规则的设定使得个体在在线社区环境中观察其他个体变得更加容易。在此背景下，关于羊群行为背后机理的观察学习理论受到了越来越多的关注。观察学习理论认为个体会对观察到的其他个体行为背后的私人信息或信号进行推测以辅助其自身决策[124]。有的学者利用实验的方式研究了消费者在就餐情境下的观察学习现象[101]，研究发现当餐馆向消费者提供最受欢迎的菜单信息时，消费者会倾向于选择这些受欢迎的菜品。其他学者则探究了人气信息如何影响消费者的婚礼服务商的选择[125]，研究表明在网站在消费者搜索时增加人气信息后，那些具有小众吸引力的服务商要比具有更广吸引力的服务商受益更多。与本书研究情境类似，Zhang 和 Liu 利用美国借贷型众筹网站 Prosper 的数据，证明了投资者的羊群行为是理性的[38]。投资者通过观察信息推断借款项目的质量，从而进行理性决策。那些看起来不利的借款项目因素（如低信用等级和高债务与收入比率）会增加羊群行为的规模，而有利的借款项目（如朋友认证和小组成员）因素则会减弱羊群行为的规模。

在观察学习理论的框架下，借贷型众筹市场中的后续投资者是观察学习者或信号接收者，已有投资者是信息来源或信号发送者，而已有投资者的交易行为则体现了其对借款项目的评价。在投资者仅能获得有限的借款者信息的情况下，后续投资者会利用已有投资者行为所释放的信号来推测借款项目的质量，降低交易风险。特别地，后续投资者会更倾向于向那些已经筹集了大量资金的借款项目投资更大的金额。

然而，并非所有的已有投资者的行为所引发的羊群行为都是同等重要的。已有研究表明已有投资者即信息来源的个体特征在羊群行为中具有重要作用。在在线电影评论的情境下，已有研究发现相比较于陌生大众的电影评分，电影观众会倾向于追随他们朋友的电影评分[64]。其他学者在针对手机应用程序的众筹平台上发现了类似的区分追随现象[35]，研究表明投资者对于已有投资者的决策的追随因前者的专业技能及应用程序的开发阶段而不同。对于那些处于开发阶段的应用程序，后面的投资者更看重具有应用程序开发经验的已有投资者的投资行为；而对于那些已经在市场上发售的应用程序，后面的投资者更看重具有投资经验的已有投资者的投资行为。上述追随决策的共同点是后续决策者首先会利用可以观察到的个人信息对已有信息来源的可靠性进行判断[126]，进而对其行为传递的信息价值进行区分[127-128]，最终体现为不同程度的追随行为。

2. *感知匿名程度与羊群行为*

除了已有文献中提及的朋友关系和专业程度等平台给出的个人信息，一种更为常见却在观察学习情境下未受到足够关注的个人信息是用户名。在绝大多数的在线平台中，个体可以自行设定其独特的用户名用以确立其在该平台的个性化身份或识别信息[121, 129, 130]。用户名通常对其他用户可见，这意味着个体可以通过个性化的用户名来塑造他们在观察者眼中的印象，从而影响观察者对其可信度的判断。已有社会心理学研究也认为信息来源的匿名程度的确会影响到观察者对于信息来源可信度的认知[131-132]。在投资者的其他个人信息因平台保护而不公开展示的情况下，用户名这种个人信息尤为显著。在本章的情境下，后续投资者可以看到其他个体公开展示的用户名，进而形成对用户名匿名程度的判断即感知匿名程度。这种感知匿名程度在后续投资者的观察学习中发挥着重要作用。根据现有关于感知匿名性的文献[133-134]，本章考察了感知匿名程度由低到高的三类用户：类似真名、昵称以及匿名用户。

以下将从观察者视角分析信息来源的感知匿名程度与感知可信度之间的关系，并在此基础上探讨具有不同感知匿名程度的已有投资者所引发的羊群行为。一方面，观察者可能认为感知匿名程度低的信息来源的可信度较低。人们所生存的社会的基本规范是个体需要被识别，而名字则可以用于识别个体，并赋予微小个体在整个社会中的存在意义[135]。信息来源拒绝披露名字有悖于社会规范的期待，导致其他社会成员对其可信度产生怀疑[119, 127]。早期研究发现若信息来源的匿名程度高则会损害其感知可信度[118-119]。上述认知过程也存在于各种在线交易情境。例如，在电子商务环境下，匿名者或者无法识别的信息来源常被消费者视为不可信[120, 129, 136]。当前面同伴的信息线索缺失时，个体在进行在线交易时会比较犹豫，这是由于同伴信息线索的缺失通常会引发怀疑和不确定等负面态度[121, 137]。按照这种观点，匿名程度高的同伴投资者可能引发较低的感知可信度，进而减弱后续投资者的羊群行为。另一方面，感知匿名程度低的信息来源也未必可信度高。与其他大多数在线平台一样，借贷型众筹平台为了提高交易的透明度通常都会披露借款项目的交易信息。其中就包括了个体的用户名、对应的交易金额、交易时间等信息。这种更加透明的交易环境能够帮助投资者掌握项目的实时投资进展或消除投资者对于交易真实性的顾虑，与此同时，这些公开的交易记录也增加了用户对其隐私的担忧。第三方网站可能会利用交易记录中的信息跟踪用户，若用户的身份信息在交易记录中被其他用户识别出来，也会给用户带来不必要的关注。并且，在现实中用户往往在不同平台使用相同的用户名，这在一定程度上也增加了上述问题的严重性。因此，大多数用户出于隐私方面的考虑不会在用户名中展示其个人信息。类似地，在其他投资活动中，投资者通常具有很强的隐私保护意识，他们也常以匿名方式参与投资[122]。在这种保持低调成为多数用户首选的环境中，若个体在其用户名中包含个人身份信息则会被视为一种与大多数人背离的行为。即便这种展示行为没有给其他投资者带来实质性的伤害或损失，也会引发观察者的不安、怀疑甚至反对[123, 138]。这些负面的态度和看法会降低观察者对那些匿名程度较低的同伴的感知可信度，相应地减弱羊群行为。

通过上述分析可知，后续投资者对同伴投资者的感知匿名程度可能会对感知可信度产生两种截然相反的作用力，从而对羊群行为产生正向或反向的影响。本章认为究竟哪种影响更为显著与所研究的情境有着密切关系。例如，在电子商务等消费导向的情境下，感知匿名程度对感知可信度的反向作用占据主导地位；在与投资相关的情境下，正向作用占据主导地位。主要原因如下：首先，在电子商务这样的以消费为导向的情境中，用户的部分在线活动可能出于利他主义和帮助他人的动机，如撰写商品评论以分享产品体验[139]。他们可能会以低匿名程度的状态展示自己，以期突出其对社区的贡献、获得其他用户的赞赏和认可、建立良好的在线声誉。但是，这种情况却不太可能发生在以投资为导向的情境中。个体参与投资活动中的核心任务是获得投资收益，具有高度的隐私性。他们往往不希望自己的投资情况受到其他人的太多关注[122]，因而通常保持较高的匿名状态。其次，在以消费为导向的背景下，平台或者第三方对内容的操纵（如虚假评论）使用户生成信息的可信度受到怀疑[107]，从而导致观察者对高匿名状态的信息来源持有不信任的态度，而匿名程度较低的用户所生成的信息则容易增加可信度。但是，在以投资为导向的背景下，同伴投资者的出借金额本身已经构成客观的信号，实际投资受到操纵的可能性相对较低。因而观察者对同伴的低匿名程度的重视程度降低。综上可知，在借贷型众筹这种投资情境下，感知匿名程度对感知可信度的正向作用要超过其反向作用。相比那些感知匿名程度低的同伴，后续投资者会更加倾向于追随感知匿名程度高的同伴投资者。

4.2.2 样本数据

本章研究数据来自人人贷。基本的交易过程如下：注册的借款者发起借款请求，基本要素包括借款金额、借款利率以及借款期限，同时提供证明身份、信用报告、收入、房产、购车、婚姻状况以及学历等认证材料供平台审核。平台根据借款者提供的认证资料按照自身的信用评分标准给借款者划定信用等级，从高到低分别是 AA、A、B、C、D、E 和 HR。审核通过的借款申请在平台网址发布并接受投资者投资，开放投标的时间一般为七天。在此期间，投资者可以浏览、搜索一系列的借款项目。投资者从项目列表中选取感兴趣的项目，点击后可查看该项目的借款金额、借款利率和借款期限等基本信息，借款者的自然属性特征、财务状况及其在该平台上的借款历史。同时，投资者可以看到其他投资者投资于该项目的记录，包括用户名、借款金额以及投资时间等。投资者在上述信息的基础上做出是否投资的决定。若借款者在规定时间内达到其借款目标，则借款交易成功，双方签订合同达成借款交易；否则借款者的本次借款宣告失败。

与本章研究问题密切相关的平台特点包括以下两个方面：首先，网站对用户名的设置限制较少，该用户名一旦设立即保持不变，因而是用户在借贷平台的稳定的在线身份标识。用户名具有不同的匿名程度，有的像真实名字如“贾杰敏”，有的则为昵称如“雨中漫步 1983”，另外一些则为完全匿名如“yyybbb”。这为探究感知匿名程度提供了支持。其次，网站设计使投资者可以看到同一项目内其他投资者的身份信息。全部已有投资者的信息均可以在一个网页内展示，投资者无须翻页浏览。该特征尤为重要，因为通常情况下网站为了保护投资者隐私往往较少披露投资者的信息，而后续投资者在参与交易的过程中则往往希望获取更多的关于共同投资者的信息辅助其决策。

4.2.3 变量及模型

本章采用的基本数据如下：借款项目信息包括借款金额、借款利率以及借款期限；借款者信息包括借款者的自然属性特征、财务状况及其在该平台上的借款历史；投资者信息包括该投资者的历史投资记录信息；借贷双方的某笔交易数据包括投资序号、投资金额、投资方式以及投资时间。表 4-1 给出了上述主要变量定义。

表 4-1　主要变量定义

变量名称	变量符号	变量描述
借款金额	Loan Amount	借款者的借款金额
借款利率	Interest Rate	借款者提供的利率
借款期限	Loan Duration	借款者的借款期限/月
投资笔数	Num of Transactions	借款项目当前的投资笔数
年龄	Age	借款者的年龄
教育程度	Education	借款者的教育程度：高中及以下、本科、硕士及以上、其他
婚姻状况	Marital Status	借款者的婚姻状况：未婚、已婚、离婚、其他
工作年限	Employ Length	工作年限：小于 1 年，1～3 年，3～5 年，大于 5 年，其他
月收入	Monthly Income	借款者的月收入
信用等级	Credit Grade	借款者的信用等级由高到低：AA、A、B、C、D、E、HR
借款历史	Historical Record	申请借款笔数、还清借款笔数以及逾期借款笔数
匿名借款者	Anonymous Borrower	匿名＝1，其他＝0
昵称借款者	Pseudonymous Borrower	昵称＝1，其他＝0
类似真名借款者	Real-seeming Borrower	类似真名＝1，其他＝0
匿名投资者	Anonymous Lender	匿名＝1，其他＝0
昵称投资者	Pseudonymous Lender	昵称＝1，其他＝0
类似真名投资者	Real-seeming Lender	类似真名＝1，其他＝0
用户名长度	Length	投资者用户名字符数
用户名情感	Emotion	投资者用户名字传递积极态度＝1，否则＝0
用户名复杂度	Complex	投资者用户名包含汉字、字母和数字的任意两种＝1，否则＝0
投资金额	Amount Invested	投资者的投资金额
用户设备	Lender Device	平台网站＝1；手机应用程序＝0

本章从感知匿名程度、用户名长度、构成复杂度以及情感诉求等维度刻画并分析用户的身份描述信息，即用户名。其中，感知匿名程度是定义用户在线身份的主要维度。首先，尽管平台为保护用户的隐私安全提供了各种的技术和政策工具，但网络环境中的个体用户仍需要对自己的隐私有更多的掌控。这种情况下，使用匿名性较高的用户名来展示自己是更为简单和直接的方式。其次，用户名不

仅仅是用户自身的身份标识，也影响着其他用户对这一用户可信度的看法。借贷型众筹交易多发生在陌生的借款者和投资者之间，存在着很大的交易不确定性及风险。身份信息有助于个体确认信息来源的可靠性、建立对他人的信任、降低不确定[130, 140]。

本章探究的是后续投资者如何看待具有不同匿名程度的同伴投资者的可信度。从后续投资者的视角出发，将同伴投资者依据感知匿名程度分为三类[141]：第一类是匿名投资者，该类指的是使用看起来隐匿的用户名来定义在线身份的用户。第二类是昵称投资者，该类指的是使用看起来像假名或昵称等个性化的用户名来定位自我身份的用户[121]。第三类为类似真名投资者。用户名是否是用户的真实姓名并不在研究范围之内。因为若没有第三方认证等方式，后续投资者仅通过自身的观察学习是无法判断同伴投资者名字是否为真实的，因而仅能根据其感知匿名程度调整其决策。

研究模型的设定思路如下：首先，建立基本模型考察单笔投资金额与前面其他投资者累积投资金额的关系，探究不同在线身份类别的投资者群体对后续投资者行为的影响；其次，将基本模型扩展至多层线性模型以便控制观测数据在多个层级的变异。在多层线性模型中，单笔投资既可以位于可观测的更高层级，也可以位于不可观测的潜在的更高层级。被文献广泛讨论和分析可观察的更高的层级是项目层，即单笔投资属于特定的借款项目。项目层的数据如借款金额、借款利率和借款期限数据是可以得到的。然而，大多数面板数据也面临着不可观测的潜在分类的问题[142-143]。例如，投资习惯等因投资者而异并且单个投资者也会随着时间发生改变，忽视潜在的异质性可能导致估计的不一致和错误的推断[144]。针对该问题，本节将采用有限混合模型识别出来的潜在分类，并利用多层模型对可观察的借款项目和潜在分类进行建模。

本章先建立模型考察前面的投资者群体对后续投资者影响，即同伴总体影响的基本模型：

$$y_{ijt} = \alpha + \beta Y_{j,t-1} + Z_{ijt}\gamma + \varepsilon_{ijt} \tag{4-1}$$

其中，被解释变量 y_{ijt} 为借款项目 j 从投资者 i 处获得其第 t 笔投资金额的自然对数。解释变量 $Y_{j,t-1}$ 为借款项目 j 在投资者 i 出现之前收到的累积投资金额的自然对数。Z 为控制变量，包含以下内容：①借款项目变量：投资笔数（Lag Num of Transactions）、借款金额、借款利率、借款期限、待完成比例（Lag Percent Needed）；②借款者特征：年龄、教育程度、婚姻状况、工作年限、月收入、信用等级、借款历史、借款者用户名；③投资者特征：平均投资金额（Lag AvgAmt）、投资者用户名、用户名长度、用户名情感、用户名复杂度。本章关注的参数 β 捕捉了前面投资者的影响，若该参数的估计结果为正，则表明投资者倾向于跟随前面投资者的决策，若该参数的估计结果为负，则表明投资者与前面投资者的决策相背离[38]。参数 α 为截距项，随机误差项 ε_{ijt} 在项目层聚类。

同时，本章构造了借款项目 j 中三类不同身份的前面的投资者投资金额的自然对数 $Y^a_{j,t-1}$，$Y^p_{j,t-1}$ 和 $Y^r_{j,t-1}$ 来分别衡量类似真名、昵称和匿名投资者群体的影响力。相应地，衡量异质同伴影响的基本模型如下：

$$y_{ijt} = \alpha + \beta_a Y^a_{j,t-1} + \beta_p Y^p_{j,t-1} + \beta_r Y^r_{j,t-1} + Z_{ijt}\gamma + \varepsilon_{ijt} \tag{4-2}$$

其中的重要参数为 β_a，β_p 和 β_r。若上述参数值为正数则代表前面投资者投资金额越大，后续投资者也会跟随投资。三个参数的相对大小能够反映出三种身份类别的投资者群体的影响。类似地，控制变量 Z 包括借款项目、借款者特征以及投资者特征变量。

现有文献针对不可观测的异质性问题有以下的处理方式。既可以采用加法的方式将个体效应加入模型而保持截距项为常数，也可以为每个个体设定不同的斜率。还有一种方法是假设个体位于不同的子群，位于同一子群内的个体是同质的，而位于不同子群的个体则是异质的，这类方法通常称为有限混合模型。相较于前两种简单但极端的设定，有限混合模型的设定更为符合实际。因此，本章将首先使用有限混合模型来识别多层模型中的潜在层级 K，即找出每笔投资属于的子群。

在有限混合模型中，被解释变量 y 的分布是 K 个分类的分布按照比例 π_k 的混合。K-分类的有限混合模型的密度函数如下：

$$f(y_i \mid z, w; \theta_1, \theta_2, \cdots, \theta_K; \pi_1, \pi_2, \cdots, \pi_K) = \sum_{k=1}^{K} \pi_k(w) f_k(y_i \mid z; \theta_k) \tag{4-3}$$

其中，w 为投资特征变量；f_k 为给定解释变量 x 和参数 θ_k 的条件下 y 的正态分布密度函数；y 为投资者决策的结果，即投资金额；z 控制了借款项目的基本特征，包括借款金额、借款利率以及借款期限。$k = 1, 2, \cdots, K$。通常依据一定的信息量准则选取使得信息量准则值最小的值。

π_k 是观测 y 属于分类 k 的先验概率。为满足 $0<\pi_k<1$ 且 $\sum_{k=1}^{K}\pi_k = 1$，π_k 服从多项逻辑回归：

$$\pi_k = \frac{\exp(w\alpha^k)}{\exp(w\alpha^1) + \exp(w\alpha^2) + \cdots + \exp(w\alpha^{K-1}) + 1} \tag{4-4}$$

w 包括两个投资特征变量：投资次序及投资方式。这两个变量反映了投资者投资偏好和风险认知等因素，因而能够影响到投资属于特定分类 k 的概率。

模型的参数估计采用极大似然估计，即 $\max\limits_{\pi,\theta} \ln L = \sum_{i=1}^{N}\left(\log\left(\sum_{k=1}^{K}\pi_k f_k(y_i \mid z; \theta_k)\right)\right)$。

在进行参数估计后，利用贝叶斯准则得出个体观测 y 属于分类 k 的后验概率，如式（4-5）所示。

$$\Pr(y_i \in \text{segment } k \mid y_i, z; \theta) = \frac{\pi_k f_k(y_i \mid z; \theta_k)}{\sum_{k=1}^{K} \pi_k f_k(y_i \mid z; \theta_k)} \quad (4\text{-}5)$$

接着将上述有限混合模型识别出的潜在分类与既有的可观察的借款项目分类结合可以得到多层数据结构，如图 4-1 所示。具体而言，属于不同借款项目 j 的投资观测值可以集中到同一潜在分类 k，类似地，属于不同潜在分类 k 的投资观测值可以集中于同一借款项目 j。并且，借款项目层 j 和潜在分类 k 之间没有层级隶属关系。为了更好地刻画上述数据结构，本章引入交叉分类多层模型或者称多层非嵌套模型进行建模分析[145]。

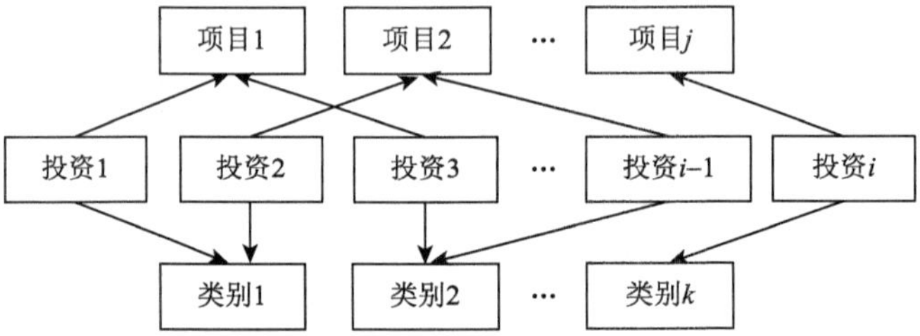

图 4-1　多层数据结构

基于借款项目和潜在分类两个层级的非嵌套的线性模型如下：

$$\begin{cases} y_{ijkt} = \alpha_{jk} + \beta Y_{j,t-1} + Z_{ijt}\gamma + \varepsilon_{ijkt} \\ \alpha_{jk} = \alpha + v_k + v_j \end{cases} \quad (4\text{-}6)$$

其中，k 为有限混合模型中识别出来的潜在分类；j 为借款项目；参数 v_k 和 v_j 分别为与潜在分类和借款项目相对应的随机效应，两参数的均值为零，因为式（4-6）中已包含截距项，v_k 和 v_j 分布的任何非零均值均会吸收进 α。$v_k \sim N(0, \sigma_{v_k}^2)$，$v_j \sim N(0, \sigma_{v_j}^2)$，$\varepsilon_{ijkt} \sim N(0, \sigma_{\varepsilon}^2)$，参数 $\sigma_{v_k}^2$ 和 $\sigma_{v_j}^2$ 分别代表了潜在分类和借款项目层的误差项的标准差。

类似地，用以考察不同身份的投资者群体影响的多层模型如下：

$$\begin{cases} y_{ijkt} = \alpha_{jk} + \beta_a Y_{j,t-1}^{a} + \beta_p Y_{j,t-1}^{p} + \beta_r Y_{j,t-1}^{r} + Z_{ijt}\gamma + \varepsilon_{ijkt} \\ \alpha_{jk} = \alpha + v_k + v_j \end{cases} \quad (4\text{-}7)$$

其中，$v_k \sim N(0, \sigma_{v_k}^2)$，$v_j \sim N(0, \sigma_{v_j}^2)$，$\varepsilon_{ijkt} \sim N(0, \sigma_{\varepsilon}^2)$。

式（4-7）的解释变量和被解释变量同式（4-2）。参数 β_a、β_p 和 β_r 分别衡量了投资者对于前面的匿名投资者、昵称投资者以及类似真名投资者的羊群行为的规模。

4.3　实证结果及分析

4.3.1　基于有限混合模型的潜在分类

在讨论多层模型的估计结果前，将先给出有限混合模型的估计结果。有限混合模型估计的关键之一是选择分类数量 K。依据现有文献研究 Cameron 和 Trivedi[111]，本章采用以下方式选取分类数量：首先分别估计 $K=2, 3, 4$ 情况下的模型，并计算相应的信息量准则的值。本章采用的信息量准则包括赤池信息量准则、贝叶斯信息量准则以及经样本规模调整后的贝叶斯信息量准则。其次选取使信息量准则最小的模型。表 4-2 给出了不同分类数量下的信息量准则的值。由该表可知，赤池信息量准则、贝叶斯信息量准则和经样本规模调整后的贝叶斯信息量准则在 $K=3$ 情况下均最小；各信息量准则在 $K=2$ 和 $K=4$ 的情况下不占优势。因此，本章将利用 $K=3$ 的有限混合模型得出潜在分类开展分析。

表 4-2　不同分类数量下的信息量准则的值

信息量准则	(1)	(2)	(3)
	2-分类	3-分类	4-分类
赤池信息量准则	277 450	271 387	271 393
贝叶斯信息量准则	277 553	271 556	271 590
调整后的贝叶斯信息量准则	277 519	271 498	271 556

表 4-3 的第（1）列、第（2）列、第（3）列分别为有限混合模型第一类、第二类和第三类的估计结果。由表可知，这三种潜在分类的占比分别为 16.3%、25.1% 和 58.6%。被解释变量的均值表明：位于第一类的投资属于低投资类别（均值为 2.040），位于第二类的投资属于中等投资类别（均值为 3.161），而位于第三类的投资属于高投资类别（均值为 4.954）。就借款项目的特征而言，在第一类中，投资集中在小规模的借款项目，且对借款利率和借款期限不敏感，能够接受低利率和相对较长的借款期限；在第二类中，投资则集中于投资借款规模大、借款利率高且借款期限短的项目；在第三类中，投资集中在中等借款规模、期限长和有相对高的利率的项目。Cameron 和 Trivedi 认为在实证分析中理想的情形是有限混合模型的分类具有合理的解释[111]。上述利用有限混合模型得出的分类在借贷型众筹活动中具有直观且合理的解释。至此识别出了可以用于投资者决策研究的非嵌套的多层级的数据结构。单笔投资处于第一层，借款项目和潜在分类属于第二层，分别捕捉了数据在可观测和不可观测的高层级的变异。

表 4-3　有限混合模型的估计结果

变量	(1)	(2)	(3)
	第一类	第二类	第三类
借款金额（log Loan Amount）	0.055***	0.166***	0.259***
	(0.001)	(0.005)	(0.007)
借款利率（Interest Rate）	0.156***	0.162***	0.274***
	(0.001)	(0.004)	(0.006)
借款期限（Loan Duration）	−0.019***	−0.011***	−0.032***
	(0.000)	(0.001)	(0.001)
均值	2.040	3.161	4.954
比例	0.163	0.251	0.586

注：括号中数值为稳健标准误差

***表示 1%的显著性水平

4.3.2　同伴感知匿名程度与后续投资者的投资决策

本节首先给出关于前面投资者群体的决策是否影响后续投资者的基本模型的参数估计结果，即总体效应。接着讨论关于不同在线身份的投资者群体对后续投资者投资决策行为影响的检验结果，即异质效应。

1. 同伴投资者的影响

表 4-4 的第（1）列和第（2）列分别给出了基本模型式（4-1）和多层模型式（4-6）的参数估计结果。解释变量 Y 的估计系数在 1%的显著性水平下显著为正，说明投资者在进行项目投资时存在追随前人决策的羊群效应。该结论与现有研究结论一致[38]。平均投资金额的估计系数也显著为正，这说明投资者的投资决策存在动量效应，即此前在该平台投资较多的投资者会继续投资更多的金额。此外，其他控制变量如借款金额、借款利率和借款期限的估计系数则表明借款规模越大，利率高以及借款期限短的借款项目收到的投资金额越大。

表 4-4　模型估计结果

变量	总体效应		异质效应	
	(1)	(2)	(3)	(4)
	基本模型	多层模型	基本模型	多层模型
累积投资金额（Y）	0.073***	0.023***	—	—
	(0.004)	(0.002)	—	—

续表

变量	总体效应		异质效应	
	(1)	(2)	(3)	(4)
	基本模型	多层模型	基本模型	多层模型
匿名同伴的累积投资金额（Y^a）	—	—	0.035***	0.013***
	—	—	(0.004)	(0.002)
昵称同伴的累积投资金额（Y^p）	—	—	0.028***	0.012***
	—	—	(0.003)	(0.002)
类似真名同伴的累积投资金额（Y^r）	—	—	0.001	0.001
	—	—	(0.003)	(0.001)
平均投资金额（log Lag AvgAmt）	0.154***	0.037***	0.154***	0.037***
	(0.003)	(0.001)	(0.003)	(0.001)
待完成比例（Lag Percent Needed）	0.008***	0.004***	0.008***	0.004***
	(0.000)	(0.000)	(0.000)	(0.000)
投资笔数（Lag Num of Transactions）	−0.001**	0.003***	−0.001***	0.003***
	(0.000)	(0.000)	(0.001)	(0.000)
借款金额（log Loan Amount）	0.089***	0.169***	0.099***	0.167***
	(0.017)	(0.007)	(0.016)	(0.007)
借款利率（Interest Rate）	0.045***	0.187***	0.044***	0.187***
	(0.013)	(0.008)	(0.013)	(0.008)
借款期限（Loan Duration）	−0.012***	−0.019***	−0.012***	−0.019***
	(0.002)	(0.001)	(0.002)	(0.001)
截距项（Intercept）	1.006***	−0.640	1.086***	−0.622
	(0.233)	(0.920)	(0.245)	(0.921)
其他控制变量	√	√	√	√
观测值个数（N）	86 662	86 662	86 662	86 662
对数似然值（Log-likelihood）	−153 223	−99 262	−153 273	−99 274

注：括号中数值为稳健标准误差

***、**分别表示 1%、5%的显著性水平

"√" 表示模型中已控制相应变量

2. 不同匿名程度的同伴的异质影响

表 4-4 的第（3）列和第（4）列分别给出了基本模型式（4-2）和多层模型式（4-7）的参数估计结果。就参数的显著性而言，Y^a 和 Y^p 的估计系数均在 1%的显著性水平下显著为正，而 Y^r 的估计系数不显著。就估计值大小而言，Y^a 的

系数值最大（0.035，0.013），其次是 Y^p（0.028，0.012），最后是 Y^r（0.001，0.001）。该估计结果表明以投资者用户名的匿名程度度量的投资者在线身份披露是决定羊群效应（或同伴影响）的重要因素。前面投资者群体对后续投资者的影响力与其在线身份的匿名程度成正比，即匿名投资者最能够带动后续投资者，其次是昵称投资者，而类似真名投资者对后续投资者的投资决策行为没有显著影响。通过比较结果可知，多层模型比基本模型的对数似然值提高了约 35%（–153 223 到–99 262；–153 273 到–99 274），这说明了本章使用多层模型的必要性。

4.3.3 稳健性检验

1. 样本区间

不同规模的借款项目中，投资者之间的互动影响可能不同，为了控制该可能性，本章按照项目当前已有的投资笔数的分位数划分出不同的子样本。借款项目收到的投资笔数在小于十分位数、十分位数至中位数、中位数至下十分位数以及大于上十分位数的样本下的模型估计结果如表 4-5 所示。其中，A 组给出了式（4-6）在各子样本下的估计结果。Y 的估计系数表明投资者追随前面投资者的羊群效应在小规模的借款项目中更大，而随着项目规模的扩大呈现递减趋势。B 组给出了式（4-7）在子样本下的估计结果。参数 Y^a、Y^p、和 Y^r 的结果与主要分析是一致的，即匿名投资者对后续投资者投资决策行为的影响最大，其次是昵称投资者，类似真名投资者没有显著的影响力。

表 4-5　基于投资笔数的子样本分析

组别		(1)	(2)	(3)	(4)
		[5, 10)	[10, 20)	[20, 50)	>50
A 组	累积投资金额（Y）	0.075***	0.026***	0.018***	0.007
	借款金额（log Loan Amount）	0.442***	0.319***	0.266***	0.068***
	借款利率（Interest Rate）	0.157***	0.207***	0.131***	0.128***
	借款期限（Loan Duration）	–0.015***	–0.021***	–0.012***	–0.014***
B 组	匿名同伴的累积投资金额（Y^a）	0.046***	0.020***	0.010***	0.011*
	昵称同伴的累积投资金额（Y^p）	0.054***	0.015***	0.007***	–0.000
	类似真名同伴的累积投资金额（Y^r）	0.024***	0.003	0.003*	–0.008**
	借款金额（log Loan Amount）	0.443***	0.318***	0.268***	0.073***
	借款利率（Interest Rate）	0.148***	0.206***	0.131***	0.129***
	借款期限（Loan Duration）	–0.014***	–0.020***	–0.012***	–0.014***

注：控制其他变量

***、**、*分别表示 1%、5%、10%的显著性水平

2. 模型设定

此外，若潜在分类的随机效应和借款项目的随机效应并不独立，则可以设定 $\alpha_{jk}=\alpha+\nu_j+\nu_k+\nu_{jk}$，其中 $\nu_{jk}\sim N(0,\sigma^2_{\nu_{jk}})$。新增的随机交互项 ν_{jk} 包含了一些借款项目可能吸引特定潜在分类的投资的可能性。

具体而言，式（4-6）扩展如下：

$$\begin{cases} y_{ijkt}=\alpha_{jk}+\beta Y_{j,t-1}+Z_{ijt}\gamma+\varepsilon_{ijkt} \\ \alpha_{jk}=\alpha+\nu_k+\nu_j+\nu_{jk} \end{cases} \tag{4-8}$$

其中，$\nu_k\sim N(0,\sigma^2_{\nu_k}),\nu_j\sim N(0,\sigma^2_{\nu_j}),\nu_{jk}\sim N(0,\sigma^2_{\nu_{kj}}),\varepsilon_{ijkt}\sim N(0,\sigma^2_{\varepsilon})$。

研究不同在线身份的投资者群体对后续投资者影响的式（4-7）扩展如下：

$$\begin{cases} y_{ijkt}=\alpha_{jk}+\beta_a Y^a_{j,t-1}+\beta_p Y^p_{j,t-1}+\beta_r Y^r_{j,t-1}+Z_{ijt}\gamma+\varepsilon_{ijkt} \\ \alpha_{jk}=\alpha+\nu_k+\nu_j+\nu_{jk} \end{cases} \tag{4-9}$$

其中，$\nu_k\sim N(0,\ \sigma^2_{\nu_k}),\nu_j\sim N(0,\ \sigma^2_{\nu_j}),\nu_{jk}\sim N(0,\sigma^2_{\nu_{kj}}),\varepsilon_{ijkt}\sim N(0,\sigma^2_{\varepsilon})$。

加入随机交互项后的模型估计结果如表 4-6 所示。该表的第（1）列为式（4-8）的估计结果，Y 的估计系数为正且在 1%的显著性水平下显著，证明了羊群效应的存在性。第（2）列为式（4-9）的估计结果，参数 Y^a、Y^p 和 Y^r 的估计结果表明匿名投资者和昵称投资者对后续投资者的影响较大，而类似真名投资者影响较小。

表 4-6　其他模型设定

变量	（1）	（2）
	总体效应	异质效应
累积投资金额（Y）	0.022***	—
匿名同伴的累积投资金额（Y^a）	—	0.012***
昵称同伴的累积投资金额（Y^p）	—	0.012***
类似真名同伴的累积投资金额（Y^r）	—	0.001
借款金额（log Loan Amount）	0.163***	0.161***
借款利率（Interest Rate）	0.183***	0.183***
借款期限（Loan Duration）	–0.018***	–0.018***
截距项（Intercept）	–0.516	–0.504
其他控制变量	√	√
观测值个数（N）	86 662	86 662
对数似然值（Log-likelihood）	–99 135.651	–99 148.901

***表示 1%的显著性水平

“√” 表示模型中已控制相应变量

4.4 理论贡献和管理启示

本章对现有众筹研究的贡献主要体现在以下三个方面。第一，证明了用户名的匿名程度对后续投资者决策的羊群行为的调节作用。已有研究多关注羊群行为的本身，而本章以信息来源的可靠性为切入点，分析了不同同伴投资者群体对后续投资者行为的影响，研究发现匿名程度高的同伴投资者对后续投资者的影响力更大，该研究结论给传统观点带来了冲击。因为其背后的影响机制是匿名程度高的投资者更容易被视为具有更高的教育程度和专业技能，从而增加了后续投资者对同伴投资者的可靠性的认知。传统观点往往认为匿名意味着不受约束、不负责任以及较低的可信度。第二，从投资者的角度研究了信息披露的作用。已有研究主要从借款者的角度审视了信息披露，如借款目的的文本描述。本章通过分析用户名这一自我披露信息，挖掘了用户名的匿名程度是否影响投资者内部的羊群行为。值得注意的是，本章的研究情境与 Burtch 等[121]的有所不同。他们的研究情境是每个投资者在进行单笔投资时可以选择披露或者不披露用户名和投资金额，且并未探究这种披露与羊群效应的关系。本章的研究情境是用户名一旦在注册时设定便成为用户在线身份的象征，且探究了该信息对投资者羊群行为的调节作用，挖掘了投资者行为的背后机制。第三，提供了关于众筹市场中在线隐私的相关证据。现有在线隐私的研究集中在电子商务和在线实时交互领域，利用的数据来自针对部分群体的调查问卷结果，关注的更多的是企业和个体用户之间的关系。与之对应的是，本章关注众筹这种投资导向的情境，利用来自众筹网址的观察数据而不局限于特定的研究群体，关注的是个体投资者之间的关系。通过分析投资者在众筹市场中使用的用户名，得出了个体投资者对于同伴投资者身份信息及可信度的反应。

关于管理启示，本章发现了利用用户在线身份信息挖掘同伴感知可信度的可能性。用户自行披露的用户名不仅仅是他们的在线身份标识，也会影响到同一在线社区中的其他用户对其可信度及行为的态度。为了提高市场的运行效率，众筹平台的管理者可以在保护用户个人隐私的前提下，鼓励用户自行披露个性化的信息，如用户名或者已有研究中关于借款目的等的文字描述。平台可以利用该类信息识别出具有影响力的用户，制定相应的项目信息推送策略。例如，可以将新启动的项目信息推送给匿名程度高的用户，以起到带动后续用户投资的作用，而对于正在进行的项目则可以推送给那些倾向于追随他人的用户，以促进借款项目成功筹集到所需的资金。

4.5 本章小结

本章研究了用户名这一典型的用户身份信息在投资者羊群效应中的作用。针对借贷型众筹活动中的数据结构特点，建立了交叉分类多层模型，该模型捕捉了观察值所属的高层的数据变异来源，即可观测的借款项目层及利用有限混合模型识别出的潜在分类。研究发现后续投资者更愿意追随匿名投资者，之后是昵称投资者，但类似真名投资者的决策没有明显的影响。该结论是对传统观念的挑战，体现了投资者羊群效应在已有投资者的匿名程度维度的异质性。本章的研究结论对研究者和借贷型众筹实践者均具有积极意义。

第 5 章　基于匹配视角的投资者交易对手选择决策

5.1　引　　言

近年来，在线双边市场快速发展，各种撮合交易的第三方平台纷纷出现。这类双边市场交易的共同特点是任何交易的完成都是参与者双方共同选择的结果，即匹配问题。本章关注借贷型众筹这种双边市场中投资者和借款者之间的交易匹配问题。投资者和借款者分属于资金供给方和需求方，互为交易对手。针对投资者和借款者之间的匹配开展研究将有助于加深学者对投资者与借款者关系形成机理的理解，强化学者对借贷型众筹市场运行规律的认识。

借贷型众筹市场的相关特征为探究上述问题提供了条件。在线市场与线下市场相比交易摩擦更小[146]，这意味着研究者可以更好地控制由摩擦带来的匹配。借贷型众筹中参与者决策更加灵活自主，这意味着研究者可以利用交易对手的特征来推测参与者的偏好。此外，参与者的特征和其最终的交易对手选择是公开可见的。这意味着研究者拥有和参与者一样多的信息，可以利用已知的交易信息和参与者的信息恢复数据的产生过程，而在线下借贷市场或者半线上的婚姻市场中，研究者可以获得的信息受到很大的限制[147]，利用数据恢复匹配关系的难度较大。

特别地，探究借贷型众筹市场中匹配问题需要明确以下两个方面：第一，投资者和借款者之间匹配关系的达成受到平台提供的信息的影响。平台提供的信息越多，投资者可以用于支持其交易对手选择的信息越多；反之，投资者决策面临的信息不对称将增加。在实践中，一方面，平台制定规定来加强对借款者的信息披露来保护投资者的利益；另一方面，这种披露也可能将个体的在线隐私置于危险之中。欧盟于 2018 年 5 月发布了新的关于信息保护的规定。该规定将任何可以直接或者间接用来识别个体的信息均划为个人信息。因此，借贷平台需要权衡信息公开和信息保护之间的矛盾，制定适度的信息披露政策和规则。需要注意的是信息披露规则与交易匹配的集中程度有着密切关系。例如，在平台仅仅发布单一的信用分数而不披露个人信息的情况下，市场中的借贷双方的匹配在很大程度上受到平台的影响，趋向集中匹配的情形，若平台仅公布大量的、多样的个人信息而不提供同一的信用分数，则匹配受到平台的影响较小更多地反映的是参与者自身的判断和选择，趋向更为分散的匹配情形。但是，现有研究对平台如何进行信息披露来促成双边交易关系的形成仍然缺乏足够认识。第二，借贷型众筹的点对点的本质意味着该活动中的匹配关系能够更加充分地反映参与者的异质性偏好。首先，参与交易的出借者即投资者的群体数量众多、构成更加多元化，可以容纳更具异质性的个体偏好。众筹作为汇集数量众多的个体小额投资的资金筹集形式具有更低的资金准入门槛，收入水平各异的投资者均可以加入。同时借贷型众筹借助网络和信息技术手段，使得来自各地的投资者均可以参与交易，在一定程度上打破了投资者和借款者往往来自同一区域的局限。其次，投资者的偏好来自一系列的借款项目或借款者特征，其中包括但不限于信用分数。针对这些更加多样的借款者特征，不同的投资者会有他们自己的偏好，进而对借款项目的质量有不同的判断和投资决定。换言之，不同的投资者会有一套他们自己的计算借款者信用状况的标准或者评分规则。投资者的异质性偏好在很大程度上决定了投资者的交易对手选择，而平台对于该决策的影响能力较弱，整个市场更加趋向于分散的匹配机制。而在传统的银行信贷环境下，出借方即银行对借款者的选择主要是基于统一的信用分数或信用评级，偏好则更为同质化。在美国，这种统一分数来自诸如 FICO 等第三方评级系统；在我国，各银行也遵循相关监管机构的指引来计算信用分数，全国性的征信体系也在建设中，并且个体在不同金融机构中的信用评分的差异较小。因此，整体而言，出借方对借款者展现出较为一致的偏好，细微的异质性则来自不同金融机构对信用分数的不同偏好。现有研究对借贷型众筹市场中参与者的异质性偏好的价值认识仍然不足。

本章旨在探究投资者和借款者之间匹配关系形成的决定因素，并进一步度量参与者异质性偏好的经济价值。研究主要分为以下两步。第一步，建立结构模型刻画投资者和借款者依据异质性偏好所形成的匹配关系。该步骤旨在回答以下问题：谁和谁匹配、投资者和借款者如何交互决定匹配的结果以及何种因素对匹配关系的形成起到重要作用。尽管目前关于借贷型众筹研究较多，但是这些研究将借贷型众筹市场中一方参与者的决策视为给定而探究另一方参与者的决策，即单边分析[14, 16]。本章利用匹配框架将参与者之间的交互内化，建立结构匹配模型刻画参与者的交易对手偏好和选择。借贷型众筹市场是关于借款项目的多对多关系的匹配市场：一个投资者可以投资于多个借款者，而一个借款者可以从多个投资者处获得资金。市场任何一方的参与者对于他们的交易对手均具有异质性偏好。依据已有匹配研究文献[147-148]，本章假设参与者的交易对手选择反映了他们的偏好，即显示性偏好。观察到的投资者和借款者之间的配对是配对稳定的结果[71, 149, 150]，即双方都没有偏离现有配对的激励。该结构匹配模型可以将投资者和借款者之间的交易转移内生化，将交易转移视为均衡结果。得出的不随政策变化的参数的估计值可以进一步用于平台信息披露政策构建和反事实分析。为了克服计算量较大的问题，本章采用了极大得分估计方法。该方法利用从均衡条件中推导得出的不等式，估计起来更加简便。第二步，利用估计出的结构参数开展关于平台信息披露政策的反事实分析，用以衡量异质性偏好的经济价值。为了尊重参与者的异质性偏好，平台需要披露参与者的各种个人信息[14, 151]。但是，这种信息披露可能会使借款者的个人信息面临风险，并可能增加对少数群体的歧视[16]。通过量化不同信息的价值可以帮助平台更好地权衡信息披露带来的收益与风险，确定信息披露的程度。探究参与者异质性偏好的价值也有助于证明借贷平台市场设计的合理性。因此，在该步骤中将利用结构匹配模型的估计参数，模拟平台披露更少个人信息的情形并计算出匹配价值的变化。例如，在平台仅披露关于借款者的信用分数的情况下，因投资者对借款者的偏好主要来自由平台设定的信用分数而趋于同质化。通过比较在平台当前的信息披露政策下和仅披露信用分数的政策之下的匹配价值，可以得到那些可以归因于异质性偏好的价值。

本章的内容安排如下：首先，介绍数据的来源和平台的交易特征、选取匹配变量；其次，推导配对稳定的条件作为后续实证分析的基础，建立投资者和借款者之间匹配的结构模型，利用极大得分估计估计参数；最后，利用估计出来的参数开展关于平台信息披露政策的反事实分析，揭示异质性偏好在匹配中的价值，并总结出相应理论贡献和管理启示。

5.2 研究设计

5.2.1 数据获取

本章数据来自人人贷。根据交易记录信息可以得知每笔交易的投资者和借款者。借款者的信息包括借款条件（利率、期限和金额）、个人基本信息（年龄、性别等）、交易历史（既有借款项目数量、还款情况等）以及平台给出的信用分数等。投资者的信息包括性别和交易历史等。上述公开可得信息为本章探究投资者和借款者之间的匹配过程提供了支持。

本章利用样本平台上为期两周的工作日的交易数据。鉴于大多数借款项目都在一天内完成投资，本章以天为单位定义匹配市场。每个市场包括了当日参与交易的所有投资者和借款者。样本内每个借款者在每个市场内只有一个借款项目，投资者可以在市场中所有的借款者中进行选择。在本章中一个配对是指投资者和借款者之间的一次交易。研究数据包括了 1931 个投资者和 255 个借款者之间的 3530 笔交易。图 5-1 给出了样本市场内投资者、借款者以及配对的数量。

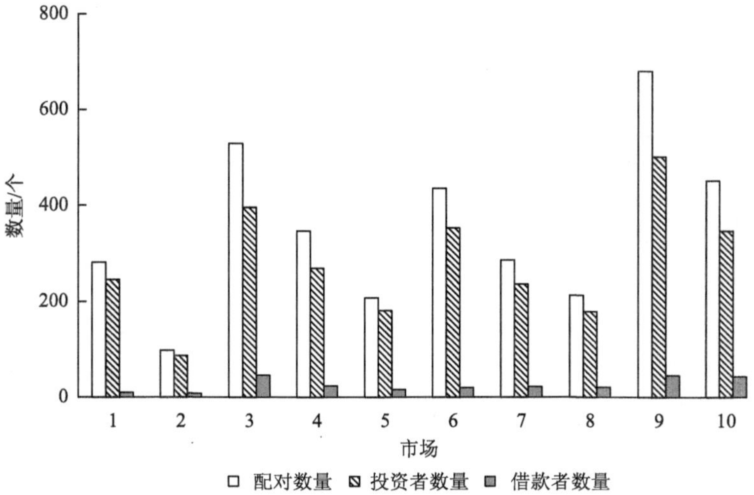

图 5-1　参与者及配对数量

5.2.2　变量及描述性统计

本章关注投资者特征、借款者特征以及配对特征。主要变量的定义见表 5-1。关于投资者特征，本章主要考察了投资经验、早期投资者以及投资者性别三个方面。投资经验用投资者以前投资的次数来度量，投资次数越多代表投资者的经验越丰富。早期投资者由投资者在以往投资的项目中出现的相对投资顺序计算得到。若投资者在以往投资的项目中出现的平均相对顺序小于 0.5 则该变量取值 1，即早期投资者；否则取值为 0，即晚期投资者。上述两个变量都是根据投资者前四个月的历史交易数据计算得到。考虑到性别影响，研究也加入了投资者的性别。若投资者为男性则该变量为 1，女性则为 0。

表 5-1　主要变量的定义

变量名称	变量符号	变量描述
投资经验	Lender Experience	投资者以前投资的次数
早期投资者	Early Lender	投资者在以往投资的项目中出现的平均相对顺序小于 0.5 则取值 1，否则取值 0
投资者性别	Male Lender	男 = 1，女 = 0
信用分数	Credit Score	平台给借款者的信用分数
既有项目数量	Funded Requests	借款者成功筹集资金的借款项目数量
按时还款次数	On-time Payments	借款者按时还款的次数
逾期还款次数	Late Payments	借款者逾期还款的次数

续表

变量名称	变量符号	变量描述
借款者性别	Male Borrower	男 = 1，女 = 0
借款者年龄	Borrower Age	借款者的年龄
借款者收入	Borrower Income	借款者月收入的对数
过往交易关系	Prior Relation	特定投资者和借款者之间过往交易次数

关于借款者特征，本章考虑了两个方面的信息：平台整合的信息和借款者的个人信息(历史交易信息和个人基本特征)。平台针对每个借款者给出了信用分数，该信用分数是平台依据借款者的一系列信息利用同一的规则给出的度量借款者信用的方式。为了捕捉信用分数的变异，本章利用信用分数的分位数构造了三个信用变量。具体构造方式如下：若借款者的信用分数位于所有借款者信用分数的上四分位数，则该借款者属于高信用水平，类似地，若位于下四分位数，则属于低信用水平，其他则属于中等信用水平。借款者的历史交易信息包括三个变量：既有项目数量刻画了借款者成功筹资的借款项目数量；按时还款次数刻画了借款者按时还款的次数；逾期还款次数刻画了借款者逾期还款的次数。借款者的个人基本特征包括：借款者性别、借款者年龄以及借款者收入。

在传统的借贷活动中，借贷双方之间的以往交易关系可以减轻交易的不确定性，进而影响后续交易[76]。在借贷型众筹活动中上述影响同样可能存在。为了考察以往交易的影响，本章根据投资者和借款者在过去四个月发生过的交易的次数，构造了反映投资者和借款者之间过往交易关系的变量。

表 5-2 给出了主要变量的描述性统计结果。平均而言，投资者以前投资过 11.745 次；74.9%的投资者为男性投资者；借款者的平均信用得分为 96.106；89.0%的借款者为男性借款者；借款者的平均年龄为 32.122 岁；投资者和借款者之间的过往交易次数最少为零次，最多为 4 次。

表 5-2　主要变量的描述性统计结果

变量	均值	标准误差	最小值	最大值
投资经验（Lender Experience）	11.745	19.309	1	300
早期投资者（Early Lender）	0.558	0.497	0	1
投资者性别（Male Lender）	0.749	0.434	0	1
信用分数（Credit Score）	96.106	26.795	0	218
既有项目数量（Funded Requests）	1.624	2.593	1	40
按时还款次数（On-time Payments）	0.663	2.543	0	38

续表

变量	均值	标准误差	最小值	最大值
逾期还款次数（Late Payments）	0.055	0.228	0	1
借款者性别（Male Borrower）	0.890	0.313	0	1
借款者年龄（Borrower Age）	32.122	6.695	22	52
借款者收入（Borrower Income）	7.572	0.874	5.728	8.946
过往交易关系（Prior Relation）	0.042	0.215	0	4

表 5-3、表 5-4、表 5-5 给出了成功配对中不同投资者特征下借款者特征的均值。其中，表 5-3 根据投资经验的均值将投资者分为经验丰富的投资者和经验不足的投资者；表 5-4 根据早期投资者的值将投资者分为早期投资者和晚期投资者；表 5-5 根据投资者性别将投资者分为男性投资者和女性投资者。统计结果揭示了投资者和借款者之间的关联。表 5-3 的统计结果表明与经验丰富的投资者相比，经验不足的投资者更倾向于选择信用分数较高、历史信息丰富的、男性、年龄较大的投资者。表 5-4 的统计结果表明早期投资者比晚期投资者更容易与信用分数低、历史信息少的借款者交易。表 5-5 的统计结果表明与女性投资者相比男性投资者更容易与信用分数低、历史信息少的借款者完成交易。

表 5-3 配对的参与者特征（A 组）

变量	经验不足的投资者	经验丰富的投资者
信用分数（Credit Score）	104.801	99.944
既有项目数量（Funded Requests）	2.162	1.837
按时还款次数（On-time Payments）	1.201	0.887
逾期还款次数（Late Payments）	0.064	0.063
借款者性别（Male Borrower）	0.901	0.893
借款者年龄（Borrower Age）	33.641	33.178
借款者收入（Borrower Income）	7.838	7.840

表 5-4 配对的参与者特征（B 组）

变量	早期投资者	晚期投资者
信用分数（Credit Score）	102.273	103.645
既有项目数量（Funded Requests）	1.966	2.121
按时还款次数（On-time Payments）	1.012	1.161
逾期还款次数（Late Payments）	0.063	0.064

续表

变量	早期投资者	晚期投资者
借款者性别（Male Borrower）	0.900	0.895
借款者年龄（Borrower Age）	33.474	33.427
借款者收入（Borrower Income）	7.826	7.856

表 5-5 配对的参与者特征（C 组）

变量	男性投资者	女性投资者
信用分数（Credit Score）	102.011	105.602
既有项目数量（Funded Requests）	1.980	2.197
按时还款次数（On-time Payments）	1.025	1.238
逾期还款次数（Late Payments）	0.066	0.056
借款者性别（Male Borrower）	0.897	0.901
借款者年龄（Borrower Age）	33.526	33.217
借款者收入（Borrower Income）	7.822	7.894

上述均值差异表明投资者和借款者在选择交易对手时有偏好的伙伴类型，同时也能够说明研究数据有足够的变异，这为研究投资者和借款者之间的匹配问题提供了机会。但上述结果分析只是描述性的。因为该结果没有充分考虑双边市场中投资者和借款者的决策的相互依赖的本质，没有提供关于各种决定因素相对影响力的信息。以下将建立匹配模型来刻画投资者和借款者之间的匹配关系。

5.2.3 模型设定

本章分析的借贷型众筹市场是具有多对多关系的匹配市场。投资者和借款者分别位于市场的两边。投资者可以根据既有的公开信息在众多的借款项目中进行选择并决定投资的时间和金额。借款者发布借款项目吸引投资者的资金，他们可以在交易完成后收到资金，也可以在借款项目有效期内撤回项目，还可以在项目完成筹资额度后撤销项目。每个投资者可以投资于多个借款者且每个借款者可以从多个投资者处筹得所需资金。投资者与借款者之间可转移的效用由价格（即借款利率）及非价格因素（如借款期限、投资金额等）决定。一个配对是指一个投资者和一个借款者最终达成一笔交易。以下将给出配对稳定条件、估计方法以及价值函数设定。

1. 配对稳定条件

假设双边市场中可观察到的投资者和借款者之间的配对是市场均衡的结果。

根据既有双边市场研究文献，本章采用配对稳定这一均衡概念来描述借贷型众筹市场中的匹配均衡。配对稳定是指没有参与者愿意背离现有的配对伙伴而与其他参与者形成新的配对[149-150]。以下给出配对稳定条件的表达式。

现将投资者记作 $L=\{l_1,l_2,\cdots,l_m\}$，借款者记作 $B=\{b_1,b_2,\cdots,b_n\}$，市场记作 $h=1,2,\cdots,H$。m、n 和 H 分别表示投资者的数量、借款者的数量以及市场的数量。$\mu_h(l,b)$ 表示投资者 l 和借款者 b 在市场 h 的一个配对。为保持符号简洁以下将省略市场的下标 h。

对于一个匹配结果(l, b)而言，投资者 l 和借款者 b 在交易之前的效用分别是 $V_l(l, b)$和 $V_b(l, b)$。若设 t_{lb} 代表借款者 b 向投资者 l 的转移，则投资者 l 转移后的效用为$V_l(l,b)+t_{lb}$；借款者 b 转移后的效用为$V_b(l,b)-t_{lb}$。在多对多匹配中，对投资者 l 有 $V_l=\Sigma_{b\in\mu(l)}V_l(l,b)$，其中 $b\in\mu(l)$ 为投资者 l 投资的所有借款者；对借款者 b 有 $V_b=\Sigma_{l\in\mu(b)}V_b(l,b)$，其中 $l\in\mu(b)$ 为借款者 b 对应的所有的投资者。投资者 l 和借款者 b 之间总的价值或者联合价值记作 $V(l, b)$。该价值是投资者和借款者各自价值之和，即 $V(l,b)=V_l(l,b)+V_b(l,b)$。

对于任意两个配对 $(l,b), (l',b')\in\mu$ 且 $l'\neq l, b'\neq b$。投资者 l 与现有伙伴借款者 b 合作可以获得 $V_l(l,b)+t_{lb}$，若他与新的借款者 b'合作将获得 $V_l(l,b')+\tilde{t}_{lb'}$。当投资者 l 与现有伙伴 b 的匹配价值大于他与新伙伴 b'的匹配价值时，阻碍配对不会发生。因此，一个配对稳定的匹配结果(l, b)需要满足：

$$V_l(l,b)+t_{lb}\geqslant V_l(l,b')+\tilde{t}_{lb'} \tag{5-1}$$

其中，$\tilde{t}_{lb'}$ 为借款者 b'从现有伙伴 l'换到新伙伴 l 愿意支付给新伙伴 l 的最大转移。

$$\tilde{t}_{lb'}=V_b(l,b')-(V_b(l',b')-t_{l'b'}) \tag{5-2}$$

将式（5-2）带入式（5-1）得到

$$V_l(l,b)+t_{lb}\geqslant V_l(l,b')+V_b(l,b')-(V_b(l',b')-t_{l'b'}) \tag{5-3}$$

类似地，若投资者 l'不从现在的伙伴 b'换到新的伙伴 b，则有

$$V_l(l',b')+t_{l'b'}\geqslant V_l(l',b)+V_b(l',b)-(V_b(l,b)-t_{lb}) \tag{5-4}$$

将不等式（5-3）和式（5-4）相加，由此得到对于任何两对匹配 $(l,b), (l',b')\in\mu$，$l'\neq l, b'\neq b$ 的匹配稳定条件如下：

$$\begin{aligned}&[V_l(l,b)+V_b(l,b)]+[V_l(l',b')+V_b(l',b')]\\ &\geqslant[V_l(l,b')+V_b(l,b')]+[V_l(l',b)+V_b(l',b)]\end{aligned} \tag{5-5}$$

由于总的价值 $V(l, b)$是借贷双方价值的和，则上式可以重新写作：

$$V(l,b)+V(l',b')\geqslant V(l,b')+V(l',b) \tag{5-6}$$

该不等式反映了在配对稳定的情况下，两个既有配对的匹配价值的和大于交换伙伴后的两个配对的匹配价值的和；否则，新的配对可以形成而相关的参与者均可受益。该不等式是极大得分估计方法的基础。

2. 极大得分估计

本章选取了半参数估计方法——极大得分估计[72-73]。当个体的选择概率可以按照效用的决定性部分进行排序时，该估计量是一致的[152]。并且，它具有计算简单的特点。然而，标准的极大似然估计和矩估计等其他的估计方法需要计算大量的积分，这在匹配个数增加的情况下尤为困难。

目标函数如下：

$$Q(\beta)=\sum_{h=1,2,\cdots,H}\left\{\sum_{(l,b),(l',b')\in\mu_h}1\left[V_0(l,b)+V_0(l',b')\geqslant V_0(l,b')+V_0(l',b)\right]\right\} \tag{5-7}$$

其中，h 为市场；(l, b)和(l', b')为任何两个非重叠配对；$1[\cdot]$为指示函数。该目标函数考察了既有配对的价值函数的决定性部分 $V_0(l,b)+V_0(l',b')$ 是否大于反事实配对的价值函数的决定成分 $V_0(l,b')+V_0(l',b)$。若不等式成立则目标函数加 1。极大得分估计量就是使目标函数最大化的参数估计量。

目标函数为阶跃函数（step function）因而同样的最大分数存在多个局部最优。本章采用差分进化（differential evolution）算法来寻找全局最优[153]。极大得分估计量没有对随机误差项的分布做假设，因此本章采用二阶抽样技术计算估计量的置信区间。若置信区间没有包含零，则表明参数是显著的。

3. 价值函数设定

极大得分估计投资者和借款者之间匹配的价值函数设定如下：

$$V(l,b)=X_lY_b\beta_1+Z_{lb}\beta_2+X_l\beta_3+Y_b\beta_4+\varepsilon_{lb} \tag{5-8}$$

式（5-8）将投资者 l 和借款者 b 匹配产生的总价值分解为决定性部分和随机部分。其中，决定性部分由投资者特征 X_l、借款者特征 Y_b、交互项(X_lY_b)以及配对特征 Z_{lb} 组成的。随机误差项 ε_{lb} 捕捉了不可观测的与匹配相关的特征，如激励和信任度等。具体而言，该价值函数中的投资者特征 X_l 包括投资经验、早期投资者和投资者性别。借款者特征 Y_b 包括信用分数、历史交易信息和个人基本特征。配对层面的变量 Z_{lb} 包括了衡量投资者和借款者之间过往交易次数的变量。

根据以往研究，在估计时将配对特征 Z_{lb} 的系数 β_2 正态化为±1，然后分别估计价值函数在该系数为 1 和−1 下的值并选取使得函数取值较大的符号[76, 80]。相应地，参数 β_1、β_3 和 β_4 反映了对应变量对匹配的相对影响力。由式（5-6）的配对稳定条件可知任何投资者特征或者借款者特征都会在式两边被取消而无法识别，因而该模型对参与者特征和参与者固定效应是稳健的。

5.3　实证结果及分析

本节关注第一个研究问题，即在借贷型众筹市场中投资者和借款者之间的匹配关系形成的决定因素。以下为匹配模型的估计结果和结果讨论。

5.3.1　交易匹配的决定因素

表 5-6 中数值为参数的点估计值。依据前文的说明，本章将过往交易关系的系数先后设置为 1 和–1 分别计算，结果得出该变量的符号为正值时目标函数的值更大。因此，本章将使用该系数为 1 情况下的模型估计。该结果说明在借贷型众筹市场中，投资者和借款者之间的过往交易关系影响他们选择后续的交易对手：过往交易次数越多的参与者越容易在后续交易中选择对方。其他的系数反映了不同特征的投资者和不同特征的借款者交互作用下的匹配模式。

表 5-6　匹配模型的估计结果

变量	（1）	（2）	（3）
	投资经验	早期投资者	投资者性别
低信用水平（Low Credit Level）	5.245**	2.111**	–1.492
	(2.978, 11.724)	(1.099, 6.975)	(–5.495, 0.196)
中等信用水平（Medium Credit Level）	5.168**	2.151**	–1.713**
	(2.366, 11.354)	(0.760, 7.010)	(–5.578, –0.303)
高信用水平（High Credit Level）	4.921**	1.333	–2.162**
	(2.538, 12.455)	(–0.490, 6.101)	(–6.849, –1.254)
借款者性别（Male Borrower）	0.005	0.260	0.248
	(–5.074, 1.639)	(–0.579, 1.129)	(–0.206, 0.961)
借款者年龄（Borrower Age）	0.003	–0.040**	–0.046**
	(–0.031, 0.041)	(–0.109, –0.028)	(–0.131, –0.037)
借款者收入（Borrower Income）	–0.012	–0.004	0.405**
	(–0.807, 0.148)	(–0.326, 0.256)	(0.410, 1.004)
既有项目数量（Funded Requests）	0.194	–0.747	0.060
	(–4.895, 3.323)	(–3.118, 0.561)	(–1.056, 2.440)

续表

变量	(1)	(2)	(3)
	投资经验	早期投资者	投资者性别
按时还款次数（On-time Payments）	−0.125	0.789	−0.026
	(−3.152, 5.893)	(−0.442, 2.653)	(−2.142, 1.188)
逾期还款次数（Late Payments）	0.442	−0.101	−0.025
	(−4.331, 4.703)	(−1.442, 1.091)	(−1.508, 0.967)
过往交易关系（Prior Relation）	1	1	1

**表示 5%的显著性水平，95%的置信区间不包括零

表 5-6 第（1）列的估计结果反映的是不同投资经验的投资者如何选择借款者。结果表明，投资经验和信用分数之间的估计系数都显著为正，这说明经验丰富的投资者比经验不足的投资者更容易与借款者达成交易。估计系数的值随着信用水平由低到高逐渐降低，这表明投资经验越多的投资者越有可能与信用水平低的借款者组成交易对手关系。一个可能的解释是随着经验的增加，投资者能够积累借贷型众筹的知识并提高分辨借款者质量的能力。他们知道那些信用分数较低的借款者可能并不像看起来那么差。另一个可能的解释是经验丰富的投资者是被利率吸引的，因为信用水平低的借款者往往提供高利率。此外，经验丰富的投资者对自身判断的信心强，他们会忽略较低的信用分数，尽管这种过度自信不一定是理性的。与之相对的是，投资经验越少的投资者越不可能选择低信用水平的借款者。

第（2）列的估计结果反映的是早期和晚期投资者如何选择借款者。由结果可知，早期投资者和中等信用水平、低信用水平交互项的估计系数显著为正，而早期投资者和高信用水平的交互项的估计系数不显著。该结果表明与晚期投资者相比，早期投资者更容易与信用处于中低等水平的借款者达成交易对手关系。这可以由投资者在投资机会和投资质量之间的权衡来解释。早期投资者更注重抓住投资机会，他们会快速投入到借款项目以便和市场中更多的借款者达成交易，因而对借款者的信用分数的要求可能较低。而晚期投资者更注重风险，他们较晚地加入到项目中以便有足够的时间分析借款者的信息并参考前面投资者的决策，因而对于高信用分数的借款者表现出偏好。此外，早期投资者和借款者年龄交互项的系数显著为负，这表明与早期投资者比晚期投资者更倾向于与年轻的借款者达成交易。

第（3）列的估计结果反映的是不同性别的投资者如何选择借款者。由结果可知，投资者性别和中、高信用水平的交互项的系数显著为负，这表明男性的投资者比女性的投资者对具有较低信用的借款者具有更高的容忍度。这种较高的容忍度在投资者面对中等信用水平和高信用水平的借款者时表现较突出。此外，其他

交互项的系数估计结果表明男性投资者更容易与年龄较小、收入高的借款者形成伙伴关系。

此外，本章根据表 5-6 的参数估计结果统计了成功匹配的、未成功匹配的以及所有可能的配对的平均匹配价值并绘制了图 5-2。该图为与投资经验、早期投资者和投资者性别相关的结果，由该图可知，与未成功匹配的配对相比，成功匹配的配对具有更高的价值。

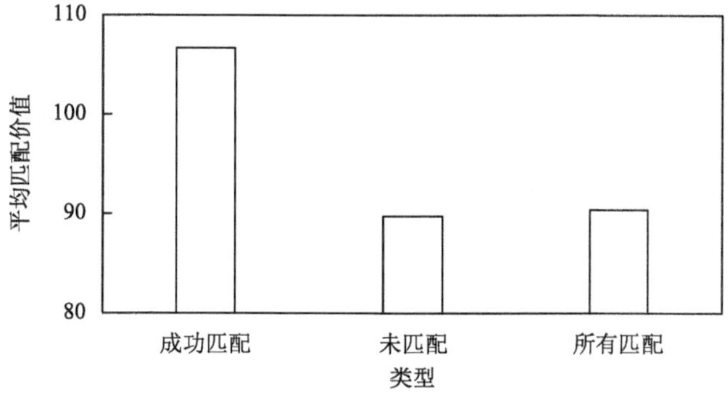

(a) 投资经验

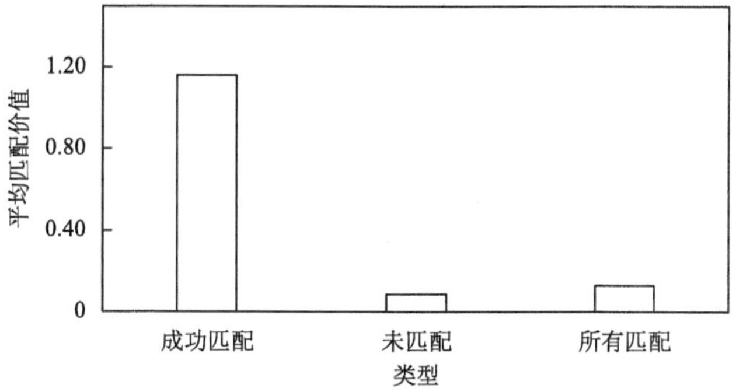

(b) 早期投资者

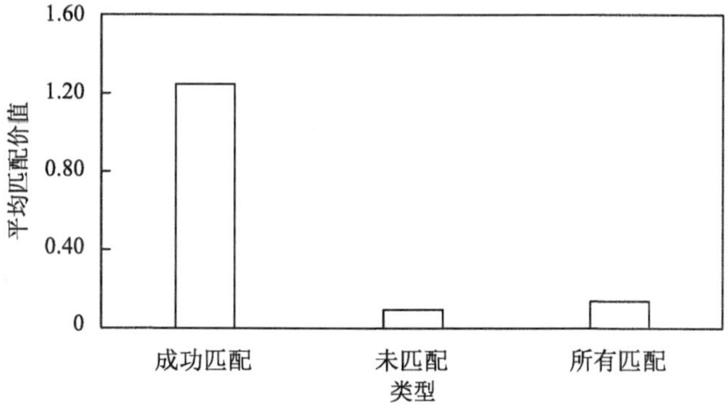

(c) 投资者性别

图 5-2　配对的平均匹配价值

5.3.2 平台信息披露政策对匹配的影响

本节继续考察第二个研究问题，即借贷平台改变关于借款者的信息披露的相关政策会多大程度上影响匹配以及如何影响。

由前述分析可知，匹配模型假设投资者和借款者的匹配价值由三部分信息决定：借款者特征（信用分数、历史交易信息以及个人基本特征）、投资者特征和配对特征。平台在借贷型众筹活动中，往往对投资者特征和配对特征两部分信息的控制力有限而对借款者特征有相对较灵活的控制力。特别地，平台对借款者信息的披露与匹配密切相关。在平台当前的信息披露情况下，匹配机制的集中程度较适中，因为参与者的决策不仅基于未经整合的信息，如借款者的性别和年龄等，也依赖于平台整合各种信息后给出的信用分数。在平台仅公布信用分数的极端的情境下，平台对参与者交易对手选择的影响力较大，匹配更偏向于集中机制；而若是平台仅披露未经整合的个人信息，则参与者的交易对手的选择受平台的影响较小，匹配更偏向于分散机制。本节旨在通过模拟不同的信息披露情境及分配机制来更好地理解信息披露政策对匹配的影响。

本节利用反事实分析方法探讨了以下两种信息披露政策：政策一是统一披露政策，在该情境下借贷平台仅公布信用分数；政策二是混合披露政策，在该情境下借贷平台的信息披露标准视借款者的信用水平而定。考虑到较高的信用分数已经传递了关于借款者质量的积极信号，该政策针对高信用水平的借款者仅公布其信用分数；针对低信用水平的借款者仅公布其个人信息而关闭信用分数，将信息决策留给参与者；中等信用水平的借款者保持现有信息披露情况即既披露信用分数又披露借款者的个人信息。上述反事实分析的目的是探究借贷平台能否找到权衡保护参与者的个人信息和提高参与者匹配两者关系的信息披露政策。

1. 分析步骤

本节按照以下步骤考察上述信息披露政策的影响。

步骤一：定义模拟市场。样本数据表明不同市场在参与者规模方面存在差异（图 5-1）。反事实分析中将考虑不同规模的三类市场。其中，模拟市场一模拟了规模小的市场，以样本数据中的市场 2 为代表；模拟市场二模拟了正常的市场，以样本数据中的市场 4 为代表；模拟市场三模拟了规模大的市场，以样本数据中的市场 3 为代表。为保持同基本分析一致，仍设每天为一个独立的市场。每个市场包括当日发布借款项目的所有借款者和所有参与投资活动的投资者。

步骤二：计算匹配价值矩阵并构造稳定的匹配。利用表 5-6 的参数估计值计算每个市场 t 内投资者和借款者所有可能配对的匹配价值矩阵，记作 MV_t。其中，MV_t 中的第(l, b)个元素代表的是投资者 l 和借款者 b 的匹配价值。然后，依据 Chen 和 Song[76]自上而下的算法构造稳定的匹配。

步骤三：计算信息披露政策的影响。通过计算匹配价值的损失来衡量信息披露政策的影响。本节依据 Yang 和 Goldfarb[77]的思路构造了变量 DMV_t 来计算政策实施后的价值与现有情境下的价值差异。

$$DMV_t = MV_t^{obs} - MV_t^{policy} \tag{5-9}$$

其中，MV_t^{obs} 和 MV_t^{policy} 分别为市场 t 在现有情境以及反事实情境下的匹配价值矩阵。DMV_t 的值为正，说明相应的信息披露政策会带来匹配价值损失，值越大损失越大。

2. 结果及分析

本节首先比较实际匹配和模拟的最优匹配，其次分析和讨论不同信息披露政策在市场层面和参与者层面的影响。本节对实际的匹配结果和基于前面步骤得出的模拟匹配进行了比较。在三个模拟市场中，81.58%、93.33%和 90.47%的配对结果与实际配对一致。这说明了信息披露政策中采用的匹配模型能够较好地拟合实际数据。表 5-7 的第一列和第二列分别给出了实际匹配的平均匹配价值和模拟匹配的平均匹配价值。结果表明实际匹配和模拟匹配的平均匹配价值接近，两者之间的差异在模拟市场一中最小，其次是模拟市场二，在模拟市场三中最大。实际市场的匹配的效率仍有提升空间，特别是在市场规模较大的情形下。

表 5-7　实际匹配和模拟匹配结果

市场	平均匹配价值	
	实际匹配	模拟匹配
模拟市场一	183.113	184.453
模拟市场二	121.987	126.650
模拟市场三	115.596	120.467

接下来讨论信息披露政策的影响。图 5-3 给出了三个模拟市场在政策一和政策二下的平均匹配价值。整体而言，政策一比政策二更接近模拟匹配。具体来看，政策的效果因市场而呈现差异：政策一在模拟市场二和模拟市场三中表现更好，而政策二在模拟市场一中表现更好。表 5-8 进一步给出了以价值损失衡量的各政策的影响。若以当前情境为比较基准，在政策一下的匹配价值损失在 4.43%到 5.08%，在政策二下的匹配价值损失在 2.48%到 28.21%。相比之下前者整体而言

更小。政策一在规模大的市场（模拟市场三）价值损失最小。政策二在规模小的市场（模拟市场一）中价值损失最小。

综上所述，政策一下的匹配比政策二下的匹配更接近最优匹配。特别地，两种政策在不同类型的市场中的影响也存在差异。匹配集中程度高的信息披露政策（政策一）在规模大的市场中表现好；而匹配集中程度低的信息披露政策（政策二）在规模小的市场中表现较好。上述关系可以从参与者信息处理能力角度进行解释：在市场规模大、决策环境复杂的情况下，参与者需要简单统一的信息来做出判断；而在市场规模小、决策环境相对简单的情况下，参与者则可处理较多信息。

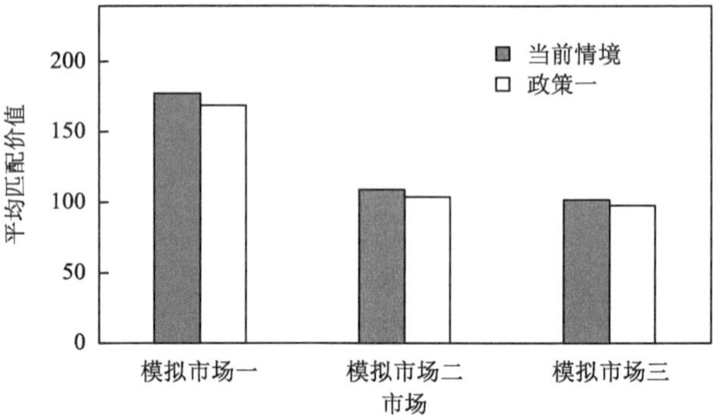

(a) 政策一

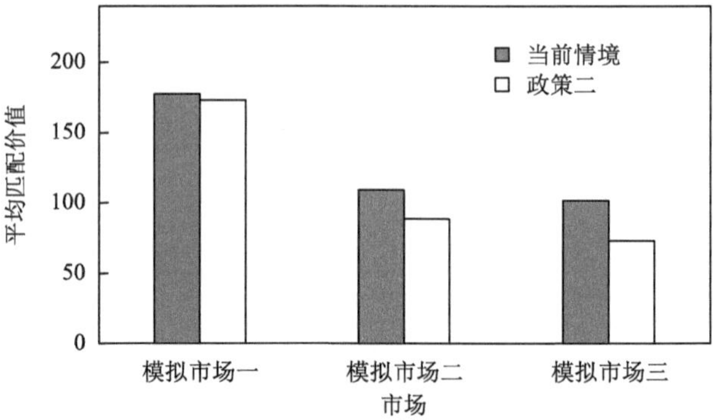

(b) 政策二

图 5-3 信息披露政策对平均匹配价值的影响

表 5-8 平均匹配价值

市场	当前情境	政策一	政策二
模拟市场一	177.703	169.336	173.295
模拟市场二	109.414	103.851	88.869
模拟市场三	102.374	97.836	73.494

3. 参与者层面的政策影响

为了进一步探究参与者类型和信息披露政策的影响之间的关系，本节以匹配价值的损失为被解释变量，以参与者的特征为解释变量进行了回归分析。如前所述，这里的匹配价值的损失是信息披露政策下的匹配价值与现有情境下匹配价值的差。

表 5-9 的第（1）列和第（2）列分别给出了政策一和政策二的相关参数估计结果。投资经验的系数在两列下均显著为正，这说明投资者越是有投资经验越能够从现有的信息情境下获得比反事实情境下更大的匹配价值。因为经验丰富的投资者往往有足够的投资知识能够处理复杂的决策情况，因而相比于经验不足的投资者，经验丰富的投资者在决策的信息少、决策的环境简单的情况下损失更大。信用分数的系数在第（1）列下显著为负，在第（2）列下显著为正。这表明信用分数越高的借款者越能从政策一中获得价值而在政策二下则受到较大损失。

表 5-9　信息披露政策对参与者的影响

变量	（1）		（2）	
	政策一		政策二	
借款金额（log Loan Amount）	−0.255***	（0.060）	−9.001***	（0.981）
借款利率（Interest Rate）	4.040***	（0.099）	−8.310***	（1.092）
借款期限（Loan Duration）	−0.447***	（0.011）	0.392**	（0.164）
投资经验（Lender Experience）	5.124***	（0.004）	4.107***	（0.075）
早期投资者（Early Lender）	−0.058	（0.061）	0.722	（1.073）
投资者性别（Male Lender）	0.059	（0.060）	−0.522	（1.083）
信用分数（Credit Score）	−0.033***	（0.001）	0.850***	（0.035）
借款者性别（Male Borrower）	0.429***	（0.112）	−14.003***	（1.902）
借款者年龄（Borrower Age）	−0.011**	（0.005）	−0.592***	（0.090）
借款者收入（Borrower Income）	0.493***	（0.041）	2.189***	（0.673）
截距项（Intercept）	−40.106***	（1.225）	98.460***	（15.097）
观测值个数（N）	26 880	—	26 880	—
拟合优度（R^2）	0.999	—	0.768	—

注：括号中数值为稳健标准误差

***、**分别表示 1%、5%的显著性水平

5.4 理论贡献和管理启示

本章对现有文献的贡献主要体现在以下方面：首先，通过匹配机制分析探究了投资者的交易对手选择决策。已有研究多数关注了价格机制（竞拍或固定价格）、筹资模式、激励机制等众筹机制[41]，而少有关于众筹中匹配机制的探究。研究中建立的匹配模型能够刻画投资者和借款者之间的内生交易关系，而这在简约式模型（logit 或者 probit 模型）[79]中是困难的。通过反事实分析发现了投资者的异质性偏好，挖掘了借贷型众筹的匹配机制的价值。借贷型众筹区别于传统借贷活动的重要特点之一是投资者可以自行选择交易的对手，偏好呈现出异质性。其次，探究了众筹市场中的匹配机制，扩展了匹配市场的研究。关于匹配的研究主要集中在婚姻市场、医疗市场、劳动力市场以及公司金融等领域，也有的研究关注了在线的广告市场，但是关于金融科技市场中的匹配问题缺乏研究。金融科技市场有别于其他线性市场的特点是交易信息更加公开、交易对手更加异质化、对手的选择主要基于个体的偏好而非较大的交易摩擦；有别于其他在线市场的特点是众筹交易的最终匹配结果可以直接观察到，而包括在线婚姻市场在内的其他市场，进行匹配的双方是否进行约会等信息很难追踪和获取。因而，本章可以通过交易数据推测个体的交易对手选择偏好，还原数据产生的过程。

本章的管理启示主要体现在信用分数体系和信息披露两个方面。本章证明了信用分数在借贷型众筹市场匹配中的作用。研究得出信用分数可以较大程度上决定匹配的结果，其重要程度要高于其他类型的个人信息。从匹配的角度来看，好的信用分数体系比单纯地提供更多的个人信息可以产生更高的价值，因而应该鼓励借贷平台采纳信用分数体系，包括第三方的完善的信用体系（如 FICO 分数）、平台自身建立的信用分数算法体系，这些都可以让平台更好地促进交易的结果。与此同时，本章也为解决信息披露的利弊权衡问题提供了启示。个人信息的范围更加广泛了，任何能够识别个体身份的信息都可以归结为个人信息。批判者认为披露更多的借款者个人信息有利于投资者而损害借款者的利益。本章表明平台可以利用信用分数体系很好地处理包括投资者利益和借款者信息之间的冲突。同时，本章也证明了个人信息及其相关的异质性偏好所产生的价值是信用分数所不能替代的。

5.5 本章小结

本章建立了刻画借贷双方之间匹配关系的双边市场结构化匹配模型，并且利用借贷型众筹平台的交易数据，采用具有计算简便的优势的极大得分估计方法进行了模型的估计，研究证明投资者和借款者之间的交互决定了其交易对手的选择。经验丰富的投资者更容易与信用水平较低的借款者交易；早期投资者比晚期投资者更愿意与低信用水平的借款者形成交易关系；而男性投资者则比女性投资者对低信用水平的借款者有更高的容忍度。反事实分析表明，若平台实施统一披露政策，即仅公布借款者的信用分数而保护其个人信息，比混合披露政策的效果好，特别是在规模大的市场。经验丰富的投资者在更为复杂的混合披露政策下价值更高，信用分数高的借款者受益于统一披露政策而受损于混合披露政策。

第 6 章　宏微观因素对投资者出借决策的影响

6.1　引　　言

借贷型众筹在承袭了传统借贷活动特征的同时又赋予了其新的内涵，突出强调了借贷依赖于个体信用的特点。然而，基于纯信用的借贷型众筹在实践中违约率往往较高。以大型借贷型众筹平台 LendingClub 为例，该平台的借款项目违约率从 2010 年到 2017 年上升了 86%[154]。在我国，借贷型众筹项目违约情况也同样存在。背后的主要原因有以下两点：我国的征信体系尚不成熟，缺乏统一的信用评级系统[155]。平台需要在激烈的竞争中获得更多的客户，但自身的风控能力有限，以致那些没有良好还款能力的借款者仍然能够在平台上获得资金。一旦这些借款者无力偿还债务，就会使那些没有大量准备金的中小型借贷平台格外脆弱，出现跑路的情况。除了缺乏健全的征信体系和适当的监管法规之外，借贷型众筹市场的风险也源于其无担保的基本特性。基于纯信用的借贷意味着如果借款者无法偿还贷款，平台和投资者均将遭受财务损失。

与此同时，众筹市场中也出现了以担保物作为保障的借款项目。在借款项目违约的情况下，借贷平台将出售抵押品以补偿投资者的损失。尽管拥有房产的借款者很可能会从传统的银行等融资渠道获得信用，但基于担保物的借贷型众筹市场则具有相对较低的准入门槛、审核批准速度快等优势。与基于纯信用的借贷相比，具有担保物的借贷型众筹形式是一种具有较低风险的选择。

即便在以房产为担保物的借贷型众筹活动中，借款者对于自身的信用状况和担保物有更好的认识，投资者在决策时仍然面临着信息不对称问题。投资者在投资以房产为担保物的借款项目时，不仅需要分析一般的借款者特征，还需要密切关注网站公开的借款者的担保物信息和担保物的价值变化趋势。担保物的基本信息给出了房产的性质和当前状况，能够为投资者判断项目的安全、评估获得偿付的可能性提供线索。例如，在其他条件相同的情况下，评估价值相同的担保物会因其类型不同给投资者提供不同程度的保证。若借款者提供的担保物是全款房屋，则投资者在违约偿付时面临的难度也比按揭房屋低。房产市场整体价格的变化关系到借款者提交的抵押物在未来偿付时的价值，进而影响投资者资金的安全。此外，房产市场的表现也关系到借款者从银行等传统金融机构获得贷款的可能性，从而影响他们将众筹作为替代融资来源的决定[156]。这种替代的关系会直接影响到借贷型众筹市场中的借款项目数量的供给，并间接影响投资者的决策行为。

作为传统的投资渠道代表的股票市场的状况也可能影响投资者对众筹市场项目的需求[157]。与收益相对稳定（即固定利率）的基于担保物的借贷型众筹相比，股票市场收益波动较大，因此为投资者提供了套利机会。股票市场的整体状况将对投资者的投资行为产生影响。本章旨在探究具有担保物的借贷型众筹活动中投资者的投资时间和投资金额决策，并研究投资经验、房价指数以及股市波动等宏微观因素如何影响上述决策。对于该问题的解答将有助于加深对投资者风险态度、信息处理和解读以及不同借贷型众筹市场与其他金融市场之间的关系的认识，为平台管理者和监管者提供启示。

本章的内容安排如下：首先，给出投资者决策行为的重要组成即投资金额决策和投资时间决策，探究宏微观因素对投资者决策的影响及机制；其次，介绍平台的借款项目特征及担保物的情况；再次，选取变量、进行样本匹配以及设定模型；最后，对实证检验结果进行分析和讨论，并总结出相应理论贡献和管理启示。

6.2　研 究 设 计

6.2.1　研究框架

本节首先给出投资者在以房产为担保物的借贷型众筹活动中的基本投资决策行为，接着给出影响投资者决策行为的宏微观因素及其影响路径和机制。

投资金额是每个投资者都需要做出的最直接的决定。现有的众筹研究多关注投资者在交易层面或项目层面的投资金额[38, 121, 158]。本节对此类研究进行了扩展，不仅考察了投资者的每笔交易的投资金额，而且考察了投资者的投资时间决策。投资者在决定对借款项目的投资时间时，需要在获利能力和相关风险之间取得平衡。在本节研究的平台中大多数借款项目仅在短时间内开放筹集资金，投资者需要迅速做出投资以便在其感兴趣的项目筹资目标达成前成功加入。然而，这样做也会使投资者处于较高的风险中，因为其可能没有足够的时间来仔细评估借款项目的质量。相比之下，若投资者放慢投资速度而对项目进行深思熟虑的评估，则更有可能选到高质量的借款项目。但是，这样做的代价是投资者可能没有机会投资到感兴趣的借款项目，丧失投资机会。因此，研究投资者的时间决策可以从时间视角加深投资者决策的认知，还可以为借款者和平台设计人员如何利用筹资动量提供启示[159]。

根据已有研究和以房产为担保物的借贷型众筹的独特功能，本节提出了个人投资行为与一系列平台内部和平台外部信息之间的联系。平台内部的信息是指在众筹网站上披露的、可获得的因素，即担保物品特征和投资者的经验。平台外部信息是指在平台网站上无法直接观察到的因素，这些因素与房价和股市表现等宏观经济条件更为相关。关于担保物信息、投资者经验、房产市场的价格以及股票市场表现的具体分析如下。

关于担保物信息，现有研究表明借款项目的基本条件、借款者的人口自然属性特征、地理分布以及借款目的等因素可以决定筹资是否成功[17, 22, 36]。在以房产为担保物的借贷型众筹中，平台通常也会给出相应的担保物信息，如担保房产类型、房产购置时间、房产的建筑面积、评估价格等。担保物信息有助于投资者更好地评估借款项目等风险水平，因而可能会在投资者决策中起到重要的作用。在众多的担保物信息中，房产的类型是最为直接也最为重要的影响投资者对借款项目质量判断的因素。本节研究的平台提供两种类型的担保物：以借款者全款房屋或按揭房屋为担保物。相对于提供全款房屋的借款者，那些以按揭房屋为担保物的借款者的资产负债表现可能较弱。投资者可能认为以按揭房屋为担保的借款项目比以全款房屋为担保的借款项目的风险更高。此外，如果借款者违约，由于要求抵押和出售带有抵押权的房屋通常包括更复杂的法规和法律程序，平台和投资者在获得清偿方面难度变大。基于以上讨论，担保房产的特征将成为影响投资者决策的关键因素之一。

关于投资者经验，投资者个人的投资经验有助于专业知识的构建，从而影响他们的后续投资行动[160]。这种经验对于参与借贷型众筹活动的投资者而言也具有重要的意义。首先，投资者在评估贷款质量时除了常规的借款项目和借款者的信息外，还需要处理附加的担保物的信息。其次，他们还需要考虑外部的经济状况，这可能会影响担保房屋的价值及其他投资工具的潜在获利能力。因此，在同等条件下，那些更有投资经验的投资者会更快地进行投资并出借更大的金额。

关于房产市场的价格，房产市场的价格可能会直接或间接地影响投资者的投资决策。随着整体住房价格的上涨，担保房产所带来的房屋价值也将上升。在这种情况下，投资者可能会认为借款项目的风险较小。因为在发生违约事件时，平台可以通过出售抵押资产来偿还其资金。已有研究表明，房价会影响个人获得银行贷款的机会，从而影响借款者选择众筹作为替代融资方式[45, 156]。这种替代关系表明当房价上涨时，借款者将更容易获得银行贷款，因而减少在众筹市场上的筹资。在面临着较少可供选择的借款项目的情况下，投资者在投资时间和投资金额决策上会表现得更加积极。

关于股票市场表现，已有研究表明众筹为投资者提供了除股票等传统投资工具以外的新投资选择。学者通过实证研究发现股票市场的波动会影响投资者在股权众筹市场中的投资意愿，投资者会考虑以众筹作为股票的替代品[157]。根据这种替代关系，当股票市场的波动性和回报率很高时，套利机会更多，这将使众筹成为较不理想的投资选择。在投资者的决策上将表现为较慢的投资速度和较小的投资金额。

6.2.2　平台及数据

本章的研究数据来自具有担保物的借贷型众筹平台。截至 2017 年 6 月，该平台累计交易额突破 500 亿元，投资者实现超 10 亿元收益。该平台的突出特点在于其主要的借款产品类型均有担保。例如，借款项目以房产或车产作为担保在平台发布。本章选取以房产为担保物的借款项目为研究对象，主要基于以下原因：从微观层面来看，房产作为不动产具有相对稳定性，能够反映借款者个体的资产状况，对投资者而言不确定性及风险较小；从宏观层面来看，房产价值受到房产市场乃至整体经济运行的影响，与投资者的投资信心及预期密切相关。

以房产为担保物的借款项目在该借贷平台上的基本交易流程如下：借款者注册并提交包括提供年龄、性别、职业、身份证件以及用户账户等个人信息，接着借款者可以发起借款项目申请提供基本的借款条件，包括借款金额、借款利率、借款期限、偿还方式以及用于担保的房产的相关信息。通过平台的资料审核及其对担保物房产的专业评估后，借款者的借款申请在平台发布并开始接收投资者的投资。当借款目标达成后，借贷双方通过平台签订电子借款协议，并以该协议在房产管理部门办理抵押登记手续，抵押手续完成后借款交付，借贷关系成立。若借款者不能在约定期限内偿还借款本金和利息，则投资者有权委托代理人处理抵押物，用以偿还约定的借款本金、利息等其他费用。可见，相较于以借款者信用为基础的借款项目，以房产为担保物的借款项目因为有实物抵押保障而相对安全。

投资者进入该借贷平台时，首先可以看到借款列表信息。这些信息包括了借款标题、借款金额、年利率、借款期限以及借款进度。若投资者对借款列表中的特定项目感兴趣，则可以点击链接进入借款项目的主页。投资者可以观察到担保物信息，如“担保物是登记于 2005 年的全款房屋，建筑面积为 71.19 平方米，评估价格为 100 万元”。

本章收集了 2014 年 6 月 1 日至 2015 年 12 月 31 日在该借贷平台上发布的 2332 个以房产为担保物的借款项目信息。样本涉及项目、借款者、担保房产以及投资者层面的数据。其中，项目的交易信息包括借款金额、借款利率、借款期限、发布日期、借款目的以及偿还方式；借款者信息包括年龄、性别、教育程度、婚姻状况、是否有共同借款者以及是否是重复借款者等；担保房产的信息包括房产的类型即按揭房屋或全款房屋、房屋的购买时间（以房产登记时间为准）、建筑面积以及评估价格；投资者信息则包括该投资者在样本区间内的投资记录，包括投资时间、投资金额以及投资者经验。主要变量定义见表 6-1。

表 6-1 主要变量定义

变量名称	变量符号	变量描述
借款金额	Loan Amount	借款者的借款金额/千元
借款利率	Loan Rate	借款者提供的利率
借款期限	Loan Duration	借款者的借款期限/月
偿还方式	Repayment	到期还本付息、等额本息、按月付息（基准）
借款目的	Purpose	经营周转、个人消费、其他（基准）
年龄	Age	借款者的年龄
性别	Gender	男 = 1，女 = 0
教育程度	Education	本科及以上 = 1，其他 = 0
婚姻状况	Marital Status	已婚 = 1，其他 = 0
月收入	Monthly Income	借款者报告月收入 = 1，其他 = 0
雇佣状况	Employed	借款者报告工作年限 = 1，其他 = 0
共同借款者	Co-Borrower	借款者有共同借款者 = 1，无 = 0
重复借款者	Repeat Borrower	借款者曾经在该平台借款 = 1，无 = 0
投资时间	Investment Time	某笔投资与项目第一笔投资之间的时间/秒
投资金额	Investment Amount	投资者出借的金额
投资者经验	EXP	投资者之前的投资次数的对数
担保房产类型	MS	担保房产是按揭房屋 = 1；全款房屋 = 0
购买时间	Years of Purchase	房产购置时间/年
建筑面积	Gross Area	房产的建筑面积
评估价格	Estimated Value	房产的评估价格/($\times 10^3$ 元)
房价指数	HPI	当月房价指数
股市收益	SMR	上证综合指数收益率/月
股市波动	SMV	上证综合指数波动率/月

1. 被解释变量

被解释变量包括投资时间和投资金额。其中，投资时间度量的是从项目发起到投资者的投资所经历的时间。该平台只公布项目的发布日期，具体的项目发起时间观测不到。因此，本章以每个项目第一笔投资时间作为基准，计算后续投资者的投资决策所用的相对时间区间。投资金额则是投资者最终投资到一个借款项目的金额。这两个变量分别刻画了投资者的投资发起决策和最终投资决策结果，因而能够较为全面地衡量投资者的投资决策行为。

2. 解释变量及宏微观因素

借款信息包括借款金额、借款利率、借款期限、借款目的、偿还方式；借款者信息包括年龄、性别、教育程度、婚姻状况、月收入、雇佣状况、共同借款者以及重复借款者等。

为了衡量宏微观影响因素，本章从平台内部和平台外部两个方面构造相应的变量。平台内部因素包括担保物信息及投资者在借贷平台内部的投资经验。担保物信息包括担保房产类型、购买时间、建筑面积、评估价格。其中担保房产类型刻画了担保房产的核心特征，与投资者的投资安全性高度相关。若借款者提供的担保房屋为按揭房屋则该变量等于 1；若借款者提供的担保房屋为全款房屋则该变量等于 0。本章选取投资者在该借贷平台上的既有的投资次数作为投资者经验（EXP）的度量。平台外部因素主要是指个体受到的来自借贷平台外部市场的影响。以房屋担保的借款项目的安全性与房屋价格变动房产市场的波动息息相关。为了捕捉投资者可能受到的来自房产市场波动的影响，本章利用房产市场的月度价格指数构造了指示变量房价指数（HPI）。另外，股票市场作为一种基本的投资手段，其市场表现也可能影响投资者在借贷型众筹市场中的投资决策。本章利用上海证券交易所月度综合股价指数来计算股市收益（SMR）和股市波动（SMV）。

表 6-2 给出了主要变量的描述性统计结果。平均而言，借款项目的筹资金额为 49.643×10^3 元，借款期限为 33.4 个月，借款利率为 15.6%。49.5%的借款项目的担保物为按揭房屋。表 6-3 的第一列和第二列分别给出了相关变量在以全款房屋为担保物的借款项目及以按揭房屋为担保物的借款项目样本下的均值。第三列和第四列则分别给出了变量的均值差异及对应的 t 值。以按揭房屋为担保物的借款者比以全款房屋为担保物的借款者的借款金额小、提供的利率高、借款期限长。

表 6-2　主要变量的描述性统计结果

变量	均值	标准误差	最小值	最大值
借款金额（Loan Amount）	49.643	55.624	4.608	691.244
借款利率（Loan Rate）	15.601	1.862	12	22
借款期限（Loan Duration）	33.400	16.698	1	60
年龄（Age）	41.201	9.639	18	71

续表

变量	均值	标准误差	最小值	最大值
性别（Gender）	0.662	0.473	0	1
教育程度（Education）	0.285	0.451	0	1
婚姻状况（Marital Status）	0.698	0.459	0	1
月收入（Monthly Income）	0.359	0.480	0	1
雇佣状况（Employed）	0.130	0.337	0	1
共同借款者（Co-borrower）	0.054	0.226	0	1
重复借款者（Repeat Borrower）	0.059	0.236	0	1
投资时间（Investment Time）	2 859	11 826	0	227 506
投资金额（Investment Amount）	2.222	4.661	0	110.599
担保房产类型（MS）	0.495	0.500	0	1
购买时间（Years of Purchase）	3.541	2.920	0	21
建筑面积（Gross Area）	1 122	576.825	119.479	10 676
评估价格（Estimated Value）	97.536	109.662	10.753	1 853

表 6-3　两类借款项目的变量均值

变量	以全款房屋为担保物的借款项目	以按揭房屋为担保物的借款项目	均值差异	t 值
借款金额（Loan Amount）	61.694	37.341	24.353***	10.906
借款利率（Loan Rate）	15.382	15.824	−0.442***	−5.784
借款期限（Loan Duration）	31.793	35.041	−3.248***	−4.730
年龄（Age）	43.156	39.146	4.010***	10.314
性别（Gender）	0.608	0.663	−0.055***	−2.768
教育程度（Education）	0.251	0.298	−0.047**	−2.534
婚姻状况（Marital Status）	0.640	0.669	−0.029	−1.468
月收入（Monthly Income）	0.336	0.424	−0.088***	−4.372
雇佣状况（Employed）	0.097	0.148	−0.051***	−3.792
共同借款者（Co-Borrower）	0.075	0.058	0.017	1.615
重复借款者（Repeat Borrower）	0.088	0.029	0.059***	6.094
购买时间（Years of Purchase）	3.301	3.786	−0.485***	−4.039
建筑面积（Gross Area）	1 078.771	1 165.945	−87.174***	−3.670
评估价格（Estimated Value）	114.034	80.695	33.339***	7.454

表示 $p<0.05$，*表示 $p<0.01$

6.2.3 样本匹配

以全款房屋和按揭房屋为担保物的两类借款项目在多个变量特征维度上存在差异（表 6-3），这可能导致投资者投资时间和投资金额对担保物类型的估计系数有偏差。即便可以加入各变量作为控制变量进行回归修正，但是这种策略在两类借款项目变量的分布重叠较少时表现较差[161]。为解决该问题，本章利用匹配方法对数据进行预先处理，使用得到的匹配样本进行后续分析。特别地，利用倾向得分匹配方法将两类项目在各协变量的多维度匹配简化为在倾向得分这一个维度上的匹配[112]。每个以按揭房屋为担保物的借款项目，匹配一个各协变量分布相似的以全款房屋为担保物的借款项目，匹配后的样本较之于全样本的优势在于各协变量在两组之间的分布是均衡的，因而可以减少混杂因素的影响。

本章建立的倾向得分模型如下所示：

$$e_j = \Pr(\mathrm{MS}_j = 1 | X_j) \tag{6-1}$$

式（6-1）刻画了借款项目以按揭房屋为担保物的概率，即倾向得分。它是一系列借款项目变量 X_j 的函数。变量矩阵 X_j 包括了借款金额、借款利率、借款期限、借款目的、偿还方式、年龄、性别、教育程度、婚姻状况、月收入、雇佣状况、共同借款者、重复借款者。给定上述可观测的变量 X_j，利用 logit 模型估计借款项目的倾向得分。任意两个借款项目之间的距离为估计得到的倾向得分的绝对值差异。本章利用核匹配将每个以按揭房屋为担保物的借款项目与以全款房屋为担保物的借款项目进行配对。为了保证两类项目有共同区域，去掉了以按揭房屋为担保物的项目中倾向得分高于（或者低于）以全款房屋为担保物的项目的倾向得分最大值（或者最小值）的样本。仅有七个以按揭房屋为担保物的借款项目被去除，因而样本量的减少造成的影响较小。以下将使用匹配后的样本进行实证分析。

在进行平衡性诊断时，本章绘制了以按揭房屋为担保物的借款项目和以全款房屋为担保物的借款项目之间倾向得分的分布。两种类型的借款项目在匹配之前的倾向得分差异很大，但在匹配之后变得相似。此外，还量化了两种类型的项目的倾向得分均值差异和倾向得分方差的比率。均值的绝对标准差为 15.2，方差比为 0.79，表明有足够的平衡性[162]。

6.2.4 模型设定

本章关注投资者决策的两个方面：何时进行投资及投资多少金额。其中，前者是投资决策的启动，后者是投资者的最终投资决策，这两个决策紧密相关。本章建立了生存模型、投资金额模型分别刻画投资者的投资时间决策、投资金额与包括担保房产类型在内的解释变量之间的关系。若担保房产类型对投资者的投资时间和投资金额有影响，则继续探究这种效应是否及在多大程度上受到宏微观影响因素的影响。

1. 投资时间决策建模

生存模型被广泛用于生物医学、经济、社会学等研究领域，主要用来分析观察对象在特定事件的结果出现前所经历的时间，如病人的存活时间、失业者重新找到工作所需的时间等。本章中的事件是指投资者投资于借款项目。事件发生所经历的时间（或者生存时间）定义为从项目发起到投资者投资所经历的时间，记作 Investment Time。

风险函数刻画了在时间 t 尚未对借款项目 j 进行投资的投资者 i 在很小的时间区间$[t_{ij}, t_{ij}+\Delta t)$做出投资的概率。假设随机变量服从韦布尔分布。风险函数 $h(t_{ij})$ 如下：

$$h(t_{ij})=\lim_{\Delta t\to 0}\frac{P(t_{ij}\leqslant T<t_{ij}+\Delta t\,|\,T\geqslant t_{ij})}{\Delta t} \tag{6-2}$$

式（6-2）表示的概率高则意味着投资者对特定借款项目进行投资这一事件发生的风险高，即投资者加速对借款项目的投资；该概率低则意味着投资者对特定借款项目进行投资这一事件发生的风险低，即投资者对借款项目的投资较慢。特别地，本章采用比例风险模型对投资者投资时间与包括担保房产信息在内的解释变量 Z_j 之间的关系进行检验。

基本模型设定如下所示：

$$h(t_{ijl}\,|\,Z_{ij})=h_0(t_{ijl})\exp(Z_{ij}\beta+\gamma_l) \tag{6-3}$$

其中，i 为一笔交易；j 为借款项目；l 为投资者。该风险函数由基准风险和相对风险两部分决定。其中，基准风险为 $h_0(t_{ijl})=\alpha pt^{p-1}$，该风险对所有投资都一样。其中，$\alpha$为尺度参数；$p$ 为根据数据估计得到的形状参数。若 $p=1$，则基准风险不随时间变化，否则基准风险将随着时间变化。相对风险为 $\exp(Z_{ij}\beta+\gamma_l)$。变量矩阵 Z_{ij} 包括了反映借款项目特征的变量、借款者特征的变量、担保物特征的变量。此外，借贷型众筹活动中每个借款项目的开放时间通常是固定的，投资决策行为可能在筹集周期内存在动态性[158, 163, 164]。本章利用已筹集到的投资金额与项目的借款金额的百分比来刻画借款项目的投资进度（Pct Funded），同时加入了该变量的平方项（Sq Pct Funded）来控制潜在的非线性影响。γ_l 为随机截距项，用以控制不可观测到的投资者异质性。参数 β 衡量了对应变量 Z_{ij} 对风险的影响。以担保房产类型变量的参数为例，正的参数值意味着担保房产类型的影响是使风险相对于基准风险成比例增加，即投资者较快进行投资；反之，负的参数值意味着担保房产类型的影响是使风险相对于基准风险成比例减少，即投资者投资较慢。

本章研究情境的另一个特点是投资者在进行交易时既可以选择手动投资，也可以事先设定借款的基本条件（如利率及期限范围等），当符合条件的借款项目出现时，借贷平台代为启动投资。某一笔特定的交易只能是手动投资类型或者自动投资类型。如该笔交易是由平台自动执行，则观察不到手动投资的情况，因而两种投资类型存在竞争。为了衡量这种竞争风险，本章使用了以下原因别风险方程（cause-specific hazard function）：

$$h_k(t_{ijl}) = \lim_{\Delta t \to 0} \frac{P(t_{ijl} \leqslant T_k < t_{ijl} + \Delta t, K = k \mid T_k \geqslant t_{ijl})}{\Delta t} \tag{6-4}$$

其中，k 为某一类型的投资交易，$k = 0$ 代表自动投资类，$k = 1$ 代表手动投资类型。原因别风险模型刻画了在另一种投资类型存在的情况下，某笔投资属于研究者关注的某种特定投资类型的概率。相应地，原因别风险可以表示为

$$h_k(t_{ijl} \mid Z_{ij}) = h_{0k}(t_{ijl}) \exp(Z_{ij}\beta_k + \gamma_l) \tag{6-5}$$

其中，$h_{0k}(t_{ijl})$为原因别基准风险；β_k 为相应变量的系数。根据已有文献[165-166]，本章分别针对每一种投资类型进行回归。采用同时估计两种投资类型的模型，也得到了相似的结果。

2. 投资金额决策建模

针对投资者的投资金额决策，本章建立了混合最小二乘回归模型：

$$y_{ijl} = Z_{ij}\delta + \eta_l + \alpha_k + \varepsilon_{ijl} \tag{6-6}$$

其中，被解释变量 y_{ijl} 为投资者 l 投资于借款项目 j 的交易 i 的投资金额。解释变量矩阵 Z_{ij} 包括了反映借款项目特征的变量、借款者特征的变量、担保物特征的变量。δ 包含了待估参数。若参数为正值则意味着对应变量与投资金额具有正向关系。η_l 代表了投资者层面的随机效应。α_k 控制了投资类型 k 的随机截距项。随机误差项 ε_{ijl} 在投资者层面聚类以控制同一投资者投资的相关性。

3. 宏微观因素的影响

接下来考察投资者所面临的宏微观影响因素对投资者决策与担保房产类型之间关系的调节作用。个体的理性受到诸多方面的限制，如可得到的信息、认知偏差、训练和经验以及有限的决策时间[105-106]。如前所述，本章选取了投资者在借贷型众筹决策时的影响因素，即投资者经验、房价指数、股市收益以及股市波动。为了衡量上述四种影响因素的调节作用，本章采用的实证策略是引入影响因素的代理变量（EXP、ΔHPI、SMR、SMV）与担保房产类型（MS）的交互项。

进一步考虑了宏微观影响因素的调节作用后的生存模型为

$$\begin{aligned} h_k(t_{ijl}) = h_{0k}(t_{ijl})\exp(&\pi_{1k}\text{EXP}_{ijl} + \pi_{2k}\Delta\text{HPI} + \pi_{3k}\text{SMR} + \pi_{4k}\text{SMV} \\ &+ \rho_{1k}\text{EXP}_{ijl} \times \text{MS}_j + \rho_{2k}\Delta\text{HPI} \times \text{MS}_j \\ &+ \rho_{3k}\text{SMR} \times \text{MS}_j + \rho_{4k}\text{SMV} \times \text{MS}_j + Z_{ij}\beta_k + \gamma_l) \end{aligned} \tag{6-7}$$

对应地，考虑了各影响因素的调节作用后投资金额模型为

$$\begin{aligned} y_{ijl} = &\sigma_1\text{EXP}_{ijl} + \sigma_2\Delta\text{HPI} + \sigma_3\text{SMR} + \sigma_4\text{SMV} + \tau_1\text{EXP}_{ijl} \times \text{MS}_j \\ &+ \tau_2\Delta\text{HPI} \times \text{MS}_j + \tau_3\text{SMR} \times \text{MS}_j \\ &+ \tau_4\text{SMV} \times \text{MS}_j + Z_{ij}\delta + \eta_l + \alpha_k + \varepsilon_{ijl} \end{aligned} \tag{6-8}$$

上述两式中，影响因素变量前面的系数衡量了该变量对投资者投资时间和投资金额的直接影响。若对应参数为正则表明该因素减缓了投资者的投资速度，增加了其投资金额；反之，则表明该因素提升了投资者的投资速度，减少了其投资金额。交互项的参数是本章关注的重点，正的参数估计值意味着对应影响因素具有正向调节作用，负的参数估计值则意味着对应显著因素具有反向调节作用。

6.3　实证结果及分析

6.3.1　主要结果

表 6-4 的第（1）列和第（2）列给出了由生存模型估计得出的风险比率，即估计系数的指数形式。若该比率大于 1 则表示变量值的增加对应于较高的交易发生可能性。具体而言，结果表明担保房产类型（MS）的风险比率小于 1 且在 1%的显著性水平下显著，这说明投资者用在按揭房屋担保的借款项目上的投资时间要比用在全款房屋担保的借款项目上的投资时间长。其他系数的估计结果表明投资者在借款金额小、利率高的借款项目上投资用时更短。那些教育程度较高的借款者能更快吸引到投资。投资进度（Pct Funded）的系数小于 1 而其二次项（Sq Pct Funded）的估计系数大于 1，这表明投资者在筹资周期的早期和后期投资速度较快。第（3）列给出了投资金额模型的估计结果。担保房产类型（MS）的系数在 1%的显著性水平下显著为负，这表明投资者在以按揭房屋为担保物的借款项目上的投资金额要小于在以全款房屋为担保物的借款项目上的投资金额。该结果证实了投资者对以按揭房屋为担保物的借款项目的厌恶。投资者在借款金额大、利率高的项目上投入资金较大。

表 6-4　模型估计结果

变量	投资时间				投资金额	
	（1） 关注类型：手动投资 竞争类型：自动投资		（2） 关注类型：自动投资 竞争类型：手动投资		（3） 考虑投资类型	
担保房产类型（MS）	0.203***	（0.026）	0.487***	（0.041）	–0.293***	（0.101）
借款金额（log Loan Amount）	0.555***	（0.017）	0.636***	（0.017）	0.241***	（0.079）
借款利率（log Loan Rate）	42.130***	（20.448）	2 231***	（944.329）	3.682**	（1.836）
借款期限（log Loan Duration）	1.173	（0.153）	0.730***	（0.063）	–0.081	（0.132）
年龄（Age）	0.997*	（0.002）	1.002*	（0.001）	0.002	（0.002）
性别（Gender）	0.883***	（0.025）	1.071***	（0.022）	–0.042***	（0.012）
教育程度（Education）	1.499***	（0.060）	1.159***	（0.027）	0.100***	（0.003）
婚姻状况（Marital Status）	1.074**	（0.038）	0.937***	（0.024）	0.044***	（0.013）
月收入（Monthly Income）	0.832***	（0.024）	0.998	（0.023）	–0.013	（0.032）
雇佣状况（Employed）	0.724***	（0.043）	1.048	（0.035）	–0.200***	（0.043）
共同借款者（Co-Borrower）	1.047	（0.063）	1.313***	（0.052）	–0.072	（0.059）
重复借款者（Repeat Borrower）	1.152**	（0.067）	0.873**	（0.049）	–0.020	（0.065）
购买时间（Years of Purchase）	1.027***	（0.006）	0.993**	（0.003）	–0.001	（0.001）
建筑面积（log Gross Area）	2.124***	（0.093）	1.230***	（0.049）	0.094	（0.102）
评估价格（log Estimated Value）	0.759***	（0.026）	0.967	（0.028）	–0.034***	（0.012）
投资进度（Pct Funded）	0.323***	（0.096）	0.057***	（0.008）	3.594***	（1.178）
投资进度平方（Sq Pct Funded）	1.848**	（0.454）	2.267***	（0.329）	–2.640**	（1.200）
投资者经验（EXP）	1.278***	（0.046）	2.141***	（0.156）	0.152***	（0.040）
房价指数（ΔHPI）	3.162***	（0.294）	1.531***	（0.140）	0.174***	（0.020）
股市收益（SMR）	1.006	（0.004）	0.991**	（0.004）	0.008	（0.007）
股市波动（SMV）	0.741***	（0.014）	0.895***	（0.010）	0.009	（0.016）
担保房产类型（MS）×投资者经验（EXP）	1.018	（0.014）	1.049***	（0.013）	–0.006	（0.013）
担保房产类型（MS）×房价指数（ΔHPI）	0.695***	（0.076）	0.737***	（0.047）	0.198**	（0.095）
担保房产类型（MS）×股市收益（SMR）	0.989**	（0.005）	1.005	（0.003）	0.013	（0.009）
担保房产类型（MS）×股市波动（SMV）	1.182***	（0.021）	1.073***	（0.008）	0.011	（0.008）

续表

变量	投资时间				投资金额	
	（1） 关注类型：手动投资 竞争类型：自动投资		（2） 关注类型：自动投资 竞争类型：手动投资		（3） 考虑投资类型	
截距项（Intercept）	—	—	—	—	−7.635	（5.356）
偿还方式（Repayment）	√		√		√	
借款目的（Purpose）	√		√		√	
观测值个数（*N*）	37 855		37 855		52 055	
对数似然值（Log-likelihood）	−25 630.914		−69 192.832		−93 727.058	

注：括号中数值为标准误差

***、**、*分别表示 1%、5%、10%的显著性水平

“√”表示模型中已控制相应变量

投资者在借贷平台上的投资经验能够影响其决策及对担保房产类型的反应。如数据部分所述，本章利用投资者在该平台上的累积投资次数作为投资者经验的度量，记作 EXP。表 6-4 中生存分析模型下的变量投资者经验的风险比率显著大于 1，这表明了投资经验丰富的投资者的投资时间更短。第（2）列中交互项担保房产类型×投资者经验的风险比率是显著大于 1 的，即投资者经验对投资者的投资时间和担保房产类型之间的关系具有正向调节作用。经验丰富的投资者对那些以按揭房屋为担保物的借款项目的厌恶要比投资经验不足的投资者低。在投资金额模型中，投资者经验的系数表明经验丰富的投资者对以按揭房屋为担保物的借款项目投资金额较大。交互项担保房产类型×投资者经验的系数不显著，这说明没有足够的证据说明投资经验对投资时间和担保房产类型之间的关系起到调节作用。

在生存模型下，房价指数的风险比率显著大于 1，这表明当房产价格上涨时投资者的投资时间比房产价格下跌时短。一个解释是由于房产用以担保还款，当房价上涨时，投资者会认为借款者的风险较小。另一个可能的原因是当房价上涨时，借款者将更容易获得传统融资来源的信贷（如使用住房抵押品的银行贷款），从而减少了对众筹的使用[156]。寻求资金的项目供应的减少将造成一种稀缺效应，迫使投资者以更积极的方式做出反应和进行投资。交互项担保房产类型×房价指数的风险比率显著小于 1，这说明相对于房产价格下跌，房产价格上涨时投资者对以全款房屋为担保物的借款项目的偏好（或对以按揭房屋为担保物的借款项目的厌恶）增强。在投资金额模型下房价指数和担保房产类型×房价指数的系数显著为正，这表明在房产价格上涨时投资者的投资金额较大且对以按揭房屋为担保物的借款项目的厌恶减弱。

本章利用股票价格波动指数来衡量股票市场的波动，考察其对投资者的投资时间、投资金额以及对担保房产类型信息的解读。股市波动的风险比率小于 1，这表明当股票市场波动较大时候，投资者用于投资的时间较长。交互项担保房产类型×股市波动的风险比率大于 1，这表明当股票市场波动较大时，投资者对以按揭房屋为担保物的借款项目的厌恶减弱。该结果可以进行如下解释：股票市场是借贷型众筹市场之外的基本投资方式[157]。在股票市场波动大的情况下，投资者可以从股票市场中套利。他们更倾向参与股票市场，而减少对借贷型众筹项目的投资，无论交易的是以按揭房屋为担保物的借款项目还是以全款房屋为担保物的借款项目。在股票市场波动小的情况下，投资者在股票市场的套利空间下降，因而他们更加活跃于网络借贷平台。

6.3.2　稳健性检验

1. 敏感性分析

倾向得分匹配假设以按揭房屋为担保物的借款项目和以全款房屋为担保物的借款项目之间没有不可观测到的差异。但是，这两种类型的借款项目在获得信贷的能力、风险承受能力等某些未观察到的借款者特征方面可能有所不同，这可能会影响其作为按揭房屋担保的项目的可能性。本章使用 Rosenbaum 和 Rubin[112] 提出的边界方法来检验不可观测到的特征的影响。换言之，若存在未观测到的变量，便使用边界方法检验它们对参数估计的影响程度。设 Γ 指代改变结果所需的不可观测因素的偏差量。令 $\Gamma=1$（无偏差）、1.5、2、2.5、3 和 3.5，针对不同的 Γ 值对以按揭房屋为担保的项目、投资时间和投资金额的平均影响分别进行 Wilcoxon 符号秩检验。检验结果表明，若要使本章关于投资时间和投资金额的估计结果无效，则未观测到的变量带来的偏差至少要使借款项目成为以按揭房屋为担保物的借款项目的可能性分别降低 250%（$\Gamma=3.5$，$p=0.280$）和 100%（$\Gamma=2$，$p=0.910$）。而若在研究模型已经控制了可观测的关键变量特征后，$\Gamma=3.5$ 和 $\Gamma=2$ 这样大的差异通常不可能出现[167-168]。因此，本章的结果对不可观测的差异较为不敏感。

2. 最近邻居匹配

除了核匹配之外，本章还采用最近邻居匹配的方法将以按揭房屋为担保物的借款项目和以全款房屋为担保物的借款项目进行配对。现有研究表明当匹配的目的是对数据进行预先处理来选取匹配的研究对象用于后续分析时，最近邻居方法是有效的匹配方法[161, 169]。同时，为了避免较差的匹配情况，如针对特定的以按揭房屋为担保物的借款项目找不到对应的具有相似的倾向得分以全款房屋为担保物的借款项目。本章在寻找配对时选取了 0.2 倍的倾向得分标准差作为卡尺[170]。由表 6-5 可知，基于最近邻居匹配样本的模型估计结果是稳健的。

表 6-5　基于最近邻居匹配样本的估计结果

变量	(1) 关注类型：手动投资 竞争类型：自动投资		(2) 关注类型：自动投资 竞争类型：手动投资		(3) 考虑投资类型	
担保房产类型（MS）	0.099***	（0.013）	0.460***	（0.048）	−0.365***	（0.041）
借款金额（log Loan Amount）	0.715***	（0.034）	0.749***	（0.021）	0.281***	（0.091）
借款利率（log Loan Rate）	581***	（323.536）	2 862***	（1 253）	4.548**	（2.145）
借款期限（log Loan Duration）	0.728**	（0.095）	0.637***	（0.059）	−0.160	（0.156）
年龄（Age）	0.999	（0.003）	1.004***	（0.001）	0.002	（0.001）
性别（Gender）	0.846***	（0.029）	1.009	（0.028）	−0.016	（0.025）
教育程度（Education）	1.383***	（0.052）	1.356***	（0.040）	0.075***	（0.020）
婚姻状况（Marital Status）	0.784***	（0.033）	0.882***	（0.027）	0.004	（0.003）
月收入（Monthly Income）	0.789***	（0.033）	1.020	（0.029）	0.025	（0.066）
雇佣状况（Employed）	0.740***	（0.048）	0.970	（0.037）	−0.187***	（0.020）
共同借款者（Co-Borrower）	0.699***	（0.074）	1.261***	（0.055）	−0.031	（0.068）
重复借款者（Repeat Borrower）	0.944	（0.063）	1.129**	（0.058）	−0.007	（0.046）
购买时间（Years of Purchase）	1.009	（0.006）	0.996	（0.004）	−0.003*	（0.002）
建筑面积（log Gross Area）	1.598***	（0.096）	1.220***	（0.052）	0.034	（0.146）
评估价格（log Estimated Value）	0.724***	（0.032）	0.831***	（0.028）	−0.028	（0.031）
投资进度（Pct Funded）	0.433***	（0.129）	0.055***	（0.009）	3.835***	（0.916）
投资进度平方（Sq Pct Funded）	1.325	（0.316）	2.793***	（0.441）	−2.890***	（0.957）
投资者经验（EXP）	1.226***	（0.038）	1.848***	（0.126）	0.138***	（0.022）
房价指数（ΔHPI）	2.938***	（0.291）	1.147	（0.113）	0.438***	（0.108）
股市收益（SMR）	1.003	（0.004）	0.985***	（0.004）	0.012	（0.009）
股市波动（SMV）	0.726***	（0.012）	0.922***	（0.008）	−0.001	（0.013）
担保房产类型（MS）×投资者经验（EXP）	0.983	（0.016）	1.040***	（0.015）	0.004	（0.017）
担保房产类型（MS）×房价指数（ΔHPI）	0.680***	（0.066）	0.814**	（0.068）	0.224***	（0.083）
担保房产类型（MS）×股市收益（SMR）	1.018***	（0.006）	1.015***	（0.004）	0.013**	（0.005）

续表

变量	(1) 关注类型：手动投资 竞争类型：自动投资		(2) 关注类型：自动投资 竞争类型：手动投资		(3) 考虑投资类型	
担保房产类型（MS）×股市波动（SMV）	1.281***	(0.022)	1.071***	(0.010)	0.010**	(0.004)
截距项（Intercept）	—	—	—	—	−10.066	(6.196)
偿还方式（Repayment）	√		√		√	
借款目的（Purpose）	√		√		√	
观测值个数（N）	20 024		20 024		27 175	
对数似然值（Log-likelihood）	−14 422.420		−42 462.930		−56 169.189	

注：括号中数值为标准误差

***、**、*分别表示 1%、5%、10%的显著性水平

"√" 表示模型中已控制相应变量

3. 熵平衡匹配

倾向得分匹配方法使用估计得到的倾向得分进行匹配。但是由于真实的倾向得分并不知道，可能不能保证估计的准确性并得到各个变量平衡的结果。例如，在使用倾向得分匹配后，个别变量的偏差可能会增加。为了可控制上述可能的偏差，本章采用了熵平衡（entropy balance）匹配，该匹配方法通过重新加权使以全款房屋为担保物的借款项目的各变量分布的高阶矩与以按揭房屋为担保物的借款项目的变量分别的高阶矩匹配[171]。利用经过熵平衡加权匹配后的样本重新估计模型，结果如表 6-6 所示。估计结果与利用倾向得分匹配得到的主要结论一致。

表 6-6　基于熵平衡匹配样本的估计结果

变量	(1) 关注类型：手动投资 竞争类型：自动投资		(2) 关注类型：自动投资 竞争类型：手动投资		(3) 考虑投资类型	
担保房产类型（MS）	0.206***	(0.027)	0.523***	(0.046)	−0.296***	(0.092)
借款金额（log Loan Amount）	0.537***	(0.018)	0.616***	(0.016)	0.246***	(0.088)
借款利率（log Loan Rate）	38.114***	(19.186)	2 124***	(895.979)	3.749*	(1.923)
借款期限（log Loan Duration）	1.261*	(0.169)	0.761***	(0.063)	−0.070	(0.136)
年龄（Age）	0.997*	(0.002)	1.001	(0.001)	0.002	(0.002)
性别（Gender）	0.846***	(0.023)	1.035*	(0.021)	−0.045***	(0.008)
教育程度（Education）	1.562***	(0.059)	1.203***	(0.027)	0.088***	(0.011)
婚姻状况（Marital Status）	1.132***	(0.038)	0.967	(0.024)	0.061***	(0.023)
月收入（Monthly Income）	0.813***	(0.023)	0.999	(0.023)	−0.007	(0.035)

续表

变量	(1) 关注类型：手动投资 竞争类型：自动投资		(2) 关注类型：自动投资 竞争类型：手动投资		(3) 考虑投资类型	
雇佣状况（Employed）	0.689***	(0.036)	0.999	(0.035)	−0.212***	(0.057)
共同借款者（Co-Borrower）	0.997	(0.055)	1.239***	(0.049)	−0.070	(0.065)
重复借款者（Repeat Borrower）	1.105	(0.068)	0.902*	(0.048)	−0.015	(0.077)
购买时间（Years of Purchase）	1.020***	(0.006)	0.993*	(0.003)	−0.001***	(0.000)
建筑面积（log Gross Area）	2.199***	(0.103)	1.241***	(0.047)	0.088	(0.098)
评估价格（log Estimated Value）	0.780***	(0.026)	0.987	(0.029)	−0.021**	(0.010)
投资进度（Pct Funded）	0.308***	(0.086)	0.055***	(0.008)	3.628***	(1.186)
投资进度平方（Sq Pct Funded）	1.954***	(0.463)	2.290***	(0.323)	−2.682**	(1.223)
投资者经验（EXP）	1.269***	(0.042)	2.208***	(0.163)	0.154***	(0.038)
房价指数（ΔHPI）	3.214***	(0.290)	1.580***	(0.142)	0.163***	(0.022)
股市收益（SMR）	1.008*	(0.004)	0.993*	(0.004)	0.007	(0.008)
股市波动（SMV）	0.739***	(0.014)	0.888***	(0.010)	0.008	(0.017)
担保房产类型（MS）×投资者经验（EXP）	1.015	(0.014)	1.036***	(0.013)	−0.011	(0.012)
担保房产类型（MS）×房价指数（ΔHPI）	0.687***	(0.070)	0.688***	(0.041)	0.183**	(0.093)
担保房产类型（MS）×股市收益（SMR）	0.988**	(0.005)	1.000	(0.003)	0.014	(0.008)
担保房产类型（MS）×股市波动（SMV）	1.186***	(0.021)	1.079***	(0.008)	0.014**	(0.007)
截距项（Intercept）	—	—	—	—	−8.001	(5.688)
偿还方式（Repayment）	√		√		√	
借款目的（Purpose）	√		√		√	
观测值个数（N）	37 942		37 942		52 055	
对数似然值（Log-likelihood）	−25 188.365		−68 196.881		−92 415.107	

注：括号中数值为标准误差

***、**、*分别表示 1%、5%、10%的显著性水平

"√" 表示模型中已控制相应变量

4. 其他生存分析模型

第一，不可观测的投资者异质性会影响投资者的投资时间，从而导致同一个投资者的多笔投资之间可能存在相关性。为了解决该问题，本章采用了共享脆弱模型[172-173]。通过引入随机效应 κ_l 来刻画不同投资者的基准风险函数的变化。在该模型下基准风险函数为 $h_0(t)=\alpha p t^{p-1}\kappa_l$。其中，参数 κ_l 遵循均值为 1 且方差为 θ

的伽马分布。第二，本章还利用了 Cox 比例风险模型来估计原因别风险模型。这种半参数模型不对基准风险函数施加任何参数形式，从而在刻画风险函数的形状上具有更大的灵活性[174]。第三，除了 Cox 比例风险模型外，本章也采用了加速失效时间模型这种常用替代方法。Cox 比例风险模型对协变量对交易在任何给定时间到达的概率的影响进行建模，而加速失效时间模型则捕获了协变量对投资者投资时间决策的直接影响。加速失效时间模型的对数线性形式假设 T_{ijl} 的对数是协变量 Z_{ij} 的线性函数，即 $\log(T_{ijl}) = Z_{ij}\varphi + \gamma_l + \sigma\upsilon_{ijl}$。其中，$\varphi$ 为感兴趣的参数；γ_l 为投资者层面的效应；σ 为比例参数；随机误差项 υ_{ijl} 遵循韦布尔分布。由表 6-7 和表 6-8 可知，估计结果稳健。

表 6-7　其他生存分析模型的估计结果

变量	共享脆弱模型				Cox 比例风险模型			
	(1) 关注类型：手动投资 竞争类型：自动投资		(2) 关注类型：自动投资 竞争类型：手动投资		(3) 关注类型：手动投资 竞争类型：自动投资		(4) 关注类型：自动投资 竞争类型：手动投资	
担保房产类型（MS）	0.099***	(0.010)	0.456***	(0.036)	0.243***	(0.022)	0.677***	(0.045)
借款金额（log Loan Amount）	0.716***	(0.027)	0.751***	(0.018)	0.593***	(0.016)	0.704***	(0.016)
借款利率（log Loan rate）	563.807***	(192.748)	2 709***	(644.606)	7.587***	(2.048)	7.294***	(1.628)
借款期限（log Loan Duration）	0.730***	(0.060)	0.635***	(0.032)	1.563***	(0.115)	1.611***	(0.098)
年龄（Age）	0.999	(0.002)	1.004***	(0.001)	0.994***	(0.001)	1.003***	(0.001)
性别（Gender）	0.845***	(0.024)	1.011	(0.021)	0.878***	(0.020)	1.112***	(0.021)
教育程度（Education）	1.382***	(0.043)	1.356***	(0.029)	1.526***	(0.037)	1.052***	(0.020)
婚姻状况（Marital Status）	0.783***	(0.025)	0.883***	(0.019)	1.065**	(0.027)	1.004	(0.019)
月收入（Monthly Income）	0.789***	(0.023)	1.019	(0.021)	0.827***	(0.018)	0.951***	(0.017)
雇佣状况（Employed）	0.738***	(0.033)	0.965	(0.029)	0.619***	(0.026)	0.882***	(0.023)
共同借款者（Co-Borrower）	0.700***	(0.049)	1.257***	(0.043)	0.973	(0.053)	1.138***	(0.032)
重复借款者（Repeat Borrower）	0.942	(0.059)	1.134***	(0.049)	1.042	(0.050)	0.984	(0.049)
购买时间（Years of Purchase）	1.009*	(0.005)	0.997	(0.003)	1.030***	(0.004)	0.993**	(0.003)
建筑面积（log Gross Area）	1.598***	(0.080)	1.220***	(0.036)	2.209***	(0.079)	1.057*	(0.030)

续表

变量	共享脆弱模型				Cox 比例风险模型			
	(1) 关注类型：手动投资 竞争类型：自动投资		(2) 关注类型：自动投资 竞争类型：手动投资		(3) 关注类型：手动投资 竞争类型：自动投资		(4) 关注类型：自动投资 竞争类型：手动投资	
评估价格（log Estimated Value）	0.724***	(0.027)	0.831***	(0.020)	0.757***	(0.022)	1.044*	(0.023)
投资进度（Pct Funded）	0.436***	(0.091)	0.055***	(0.007)	0.337***	(0.055)	0.095***	(0.011)
投资进度平方（Sq Pct Funded）	1.321	(0.232)	2.819***	(0.319)	1.736***	(0.244)	1.815***	(0.193)
投资者经验（EXP）	1.223***	(0.022)	1.809***	(0.036)	1.051***	(0.009)	1.046***	(0.009)
房价指数（ΔHPI）	2.941***	(0.239)	1.163***	(0.057)	3.512***	(0.248)	2.082***	(0.105)
股市收益（SMR）	1.003	(0.003)	0.986***	(0.002)	1.010***	(0.002)	1.009***	(0.002)
股市波动（SMV）	0.727***	(0.007)	0.924***	(0.005)	0.771***	(0.008)	0.986***	(0.005)
担保房产类型（MS）×投资者经验（EXP）	0.983	(0.014)	1.043***	(0.012)	1.015	(0.011)	1.012	(0.010)
担保房产类型（MS）×房价指数（ΔHPI）	0.678***	(0.064)	0.816***	(0.049)	0.769***	(0.062)	0.904	(0.059)
担保房产类型（MS）×股市收益（SMR）	1.017***	(0.004)	1.015***	(0.003)	0.990***	(0.003)	1.011***	(0.003)
担保房产类型（MS）×股市波动（SMV）	1.281***	(0.015)	1.070***	(0.008)	1.154***	(0.014)	1.044***	(0.007)
偿还方式（Repayment）	√		√		√		√	
借款目的（Purpose）	√		√		√		√	
观测值个数（N）	20 024		20 024		37 855		37 855	
对数似然值（Log-likelihood）	−14 430.828		−42 484.451		−105 054.351		−205 493.101	

注：共享脆弱模型的结果是基于最近邻居匹配样本；括号中数值为标准误差

***、**、*分别表示 1%、5%、10%的显著性水平

“√”表示模型中已控制相应变量

表 6-8　加速失效时间模型的估计结果

变量	(1) 关注类型：手动投资 竞争类型：自动投资		(2) 关注类型：自动投资 竞争类型：手动投资	
担保房产类型（MS）	2.198***	(0.181)	2.380***	(0.274)
借款金额（log Loan Amount）	0.811***	(0.041)	1.496***	(0.088)
借款利率（log Loan Rate）	−5.156***	(0.647)	−25.479***	(1.433)

续表

变量	(1) 关注类型：手动投资 竞争类型：自动投资		(2) 关注类型：自动投资 竞争类型：手动投资	
借款期限（log Loan Duration）	−0.220	（0.181）	1.041***	（0.287）
年龄（Age）	0.005*	（0.003）	−0.006*	（0.004）
性别（Gender）	0.171***	（0.038）	−0.227***	（0.069）
教育程度（Education）	−0.558***	（0.053）	−0.488***	（0.076）
婚姻状况（Marital Status）	−0.098**	（0.048）	0.216**	（0.084）
月收入（Monthly Income）	0.253***	（0.040）	0.008	（0.075）
雇佣状况（Employed）	0.445***	（0.080）	−0.154	（0.111）
共同借款者（Co-Borrower）	−0.064	（0.082）	−0.899***	（0.132）
重复借款者（Repeat Borrower）	−0.195**	（0.081）	0.449**	（0.185）
购买时间（Years of purchase）	−0.036***	（0.008）	0.024**	（0.012）
建筑面积（log Gross Area）	−1.039***	（0.059）	−0.684***	（0.131）
评估价格（log Estimated Value）	0.379***	（0.047）	0.110	（0.097）
投资进度（Pct Funded）	1.557***	（0.406）	9.463***	（0.505）
投资进度平方（Sq Pct Funded）	−0.846**	（0.338）	−2.705***	（0.486）
投资者经验（EXP）	−0.338***	（0.051）	−2.515***	（0.233）
房价指数（ΔHPI）	−1.587***	（0.128）	−1.408***	（0.305）
股市收益（SMR）	−0.008	（0.006）	0.031**	（0.013）
股市波动（SMV）	0.413***	（0.028）	0.367***	（0.035）
担保房产类型（MS）×投资者经验（EXP）	−0.025*	（0.014）	−0.159***	（0.040）
担保房产类型（MS）×房价指数（ΔHPI）	0.502***	（0.151）	1.008***	（0.212）
担保房产类型（MS）×股市收益（SMR）	0.015**	（0.007）	−0.016*	（0.010）
担保房产类型（MS）×股市波动（SMV）	−0.231***	（0.025）	−0.234***	（0.025）
截距项（Intercept）	12.094***	（1.668）	54.448***	（3.387）
偿还方式（Repayment）	√		√	
借款目的（Purpose）	√		√	
观测值个数（N）	37 855		37 855	
对数似然值（Log-likelihood）	−25 630.914		−69 192.833	

注：括号中数值为标准误差

***、**、*分别表示 1%、5%、10%的显著性水平

“√”表示模型中已控制相应变量

6.4 理论贡献和管理启示

本章对现有文献的主要贡献如下：第一，揭示了在众筹市场中宏微观因素对个体决策的影响。已有关于投资者决策影响因素的研究多集中在线下信贷市场。例如，Barber 和 Odean 对股票市场中投资者受到有限注意力约束的探究[7]，Campbell 等对银行贷款活动中贷款审批人员受到的个人专业知识技能等因素的影响的分析[106]。这些研究分别给出了金融活动中个体决策的微观因素的影响，本章利用具有担保物的借贷型众筹活动，给出了包括微观因素和外部市场宏观因素在内的较为全面的分析。第二，增强了对金融科技市场和传统融资市场关系的认识。已有研究往往忽略了银行等传统金融渠道对供求及个体决策的影响。Kim 和 Hann 以房价为切入点，探究了借款者在传统银行贷款中面临的信贷约束与其在众筹市场中筹资情况的关系[156]。本章从两个方面补充了该类文献。首先，已有研究以地区为基本分析单位，利用地区汇总数据开展研究，本章则以更细的借款项目为分析单位开展关于投资者个体决策的实证研究。其次，已有研究从借款者角度出发分析了各类资金供给市场之间的影响，本章研究则从投资者的角度证明了众筹市场、银行贷款以及股票市场之间的关系。第三，提供了关于众筹市场和股票市场关系的证据。目前关于股票市场对众筹市场的影响研究较少。Hornuf 和 Neuenkirch 利用股权众筹的数据研究得出投资者在进行众筹决策时会受到股票市场波动的影响[157]。本章考察了股票市场的收益和波动等股票市场特征，研究得出当股票市场波动较大，即股票市场的投资套利空间较大时，投资者在借贷型众筹市场中的投资速度会减慢。这说明了众筹市场和股票市场之间具有替代关系。今后的研究可以利用投资者的投资组合信息对这两类市场之间的替代效应的规模进行估算，为投资者和监管者提供指导。

本章可以为借款者、平台及政策制定者提供管理启示。对借款者而言，借款者应该依据宏观因素的变化有策略地调整其出借行为。尽管当房价下跌时，借款者以房产为抵押从银行借贷的难度增加，但是这一时期的资金提供者会更加积极地参与众筹活动。当投资者在股票市场表现较差时，投资者也会积极参与众筹活动。借款者应当抓住上述机会，灵活地利用不同筹资方式获得所需借款。对借贷平台而言，本章得出在银行信贷收紧或者股票市场表现较差时投资者参与众筹活动的积极性更好，这意味着投资者的风险也随之增加。平台在这种情况下应该加强对借款项目的审核，增强对借款者质量的把关，维护投资者的利益。同时，平台也可以推出新的产品，因为这一时期的投资者对风险的感知下降。对政策制定者而言，本章研究的结果揭示了众筹市场、传统银行贷款以及股票市场之间的关系。这意味着政策制定者在制定金融政策规定时，既要肯定众筹市场作为新的金融服务渠道为借款者和投资者提供交易的优势，也要注意风险在不同市场之间传递的可能性，以更好地保护投资者的利益。

6.5　本章小结

本章选取以借款者房产作为担保物的借贷型众筹活动为研究对象，分析了投资者在投资时间和投资金额两方面的投资行为。通过利用倾向得分匹配方法构造均衡样本，建立生存模型和投资金额模型进行实证分析。研究表明：投资者的投资活动可能受到各种宏微观因素的影响，包括投资者经验、房价指数以及股市波动。本章发现这些因素对投资者的投资决策与担保房产类型之间的关系起到了调节作用：经验丰富的投资者对以按揭房屋为担保物的借款项目的厌恶要比经验不足的投资者低；在房产价格上涨时，投资者投资用时较短且对以按揭房屋为担保物的借款项目具有较高的容忍度；在股票市场波动大的情况下，投资者倾向于减少对借贷型众筹项目的投资，投资的时间较长。

参 考 文 献

[1] Nicoletti B. The Future of Fintech：Integrating Finance and Technology in Financial Services[M]. Cham：Palgrave Macmillan，2017：3-29.

[2] Chen M A，Wu Q X，Yang B Z. How valuable is fintech innovation?[J]. The Review of Financial Studies，2019，32（5）：2062-2106.

[3] Cong L W，He Z G. Blockchain disruption and smart contracts[J]. The Review of Financial Studies，2019，32（5）：1754-1797.

[4] Hendershott T，Zhang X Q，Zhao J L，et al. Fintech as a game changer：overview of research frontiers[J]. Information Systems Research，2021，32（1）：1-17.

[5] Iancu D A，Yang S A. Call for papers—special issue on interface of operations，finance and technology（OpsFinTech）[OL][2020-09-01]. https://web.archive.org/web/20210126132922/https://pubsonline.informs.org/page/msom/calls-for-papers.

[6] Chakma J. How Peer to Peer Lending Is Disrupting the Finance Industry[OL]. [2021-03-26]. https://techbullion.com/how-peer-to-peer-lending-is-disrupting-the-finance-industry/.

[7] Barber B M，Odean T. All that glitters：the effect of attention and news on the buying behavior of individual and institutional investors[J]. The Review of Financial Studies，2008，21（2）：785-818.

[8] Mollick E，Nanda R. Wisdom or madness? Comparing crowds with expert evaluation in funding the arts[J]. Management Science，2016，62（6）：1533-1553.

[9] 肖本华. 美国众筹融资模式的发展及其对我国的启示[J]. 南方金融，2013，（1）：52-56.

[10] 黄健青，辛乔利. “众筹”——新型网络融资模式的概念、特点及启示[J]. 国际金融，2013，（9）：64-69.

[11] 黄玲，周勤. 创意众筹的异质性融资激励与自反馈机制设计研究——以“点名时间”为例[J]. 中国工业经济，2014，（7）：135-147.

[12] 张致宁，张戬. P2P 网络贷款利益相关方决策行为研究[J]. 统计与决策，2018，34（16）：56-60.

[13] Puro L，Teich J E，Wallenius H，et al. Borrower decision aid for people-to-people lending[J]. Decision Support Systems，2010，49（1）：52-60.

[14] Iyer R，Khwaja A I，Luttmer E F，et al. Screening peers softly：inferring the quality of small borrowers[J]. Management Science，2015，62（6）：1554-1577.

[15] 傅彦铭，臧敦刚，戚名钰. P2P 网络贷款信用的风险评估[J]. 统计与决策，2014，（21）：162-165.

[16] Pope D G，Sydnor J R. What's in a picture? Evidence of discrimination from Prosper. com[J]. The Journal of Human Resources，2011，46（1）：53-92.

[17] Duarte J，Siegel S，Young L. Trust and credit：the role of appearance in peer-to-peer lending[J]. The Review of Financial Studies，2012，25（8）：2455-2484.

[18] Ravina E. Love & loans：the effect of beauty and personal characteristics in credit markets[R/OL]. [2022-02-24]，http://dx.doi.org/10.2139/ssrn.1107307.

[19] Barasinska N，Schäfer D. Does gender affect funding success at the peer-to-peer credit markets? Evidence from the largest German lending platform[R]. Berlin：DIW Berlin Discussion Paper，2010.

[20] Herzenstein M，Andrews R L，Dholakia U M，et al. The democratization of personal consumer loans? Determinants of success in online peer-to-peer lending communities[J]. Bulletin of the University of Delaware，2008，15：274-277.

[21] Lin M F，Prabhala N R，Viswanathan S. Judging borrowers by the company they keep：friendship networks and information asymmetry in online peer-to-peer lending[J]. Management Science，2013，59（1）：17-35.

[22] Herzenstein M，Sonenshein S，Dholakia U M. Tell me a good story and I may lend you money：the role of narratives in peer-to-peer lending decisions[J]. Journal of Marketing Research，2011，48（SPL）：S138-S149.

[23] Dorfleitner G，Priberny C，Schuster S，et al. Description-text related soft information in peer-to-peer lending—evidence from two leading european platforms[J]. Journal of Banking & Finance，2016，64：169-187.

[24] Gao Q，Lin M F，Sias R W. Words matter：the role of texts in online credit markets[J/OL]. [2022-02-24]. https://ssrn.com/abstract=2446114.

[25] Pötzsch S，Böhme R. The role of soft information in trust building：evidence from online social lending[C]//International Conference on Trust and Trustworthy Computing. Berlin：Springer，2010：381-395.

[26] 郑海超，黄宇梦，王涛，等. 创新项目股权众筹融资绩效的影响因素研究[J]. 中国软科学，2015，（1）：130-138.

[27] Hong Y L，Hu Y H，Burtch G. Embeddedness，prosociality，and social influence：evidence from online crowdfunding[J]. MIS Quarterly，2018，42（4）：1211-1224.

[28] Burtch G，Gupta D，Martin P. Referral timing and fundraising success in crowdfunding[J]. Manufacturing & Service Operations Management，2020，23（3）：676-694.

[29] Jiang Y，Tan Y，Chen X. Understanding the effect of referrals in reward-based crowdfunding[C/OL]// [2022-02-04]. https://aisel.aisnet.org/ icis2020/user_behaviors/user_behaviors/7.

[30] Yang L S，Wang Z Y，Hahn J. Scarcity strategy in crowdfunding：an empirical exploration of reward limits[J]. Information Systems Research，2020，31（4）：1107-1131.

[31] Gong J，Pavlou P A，Zheng Z Y. On the use of probabilistic uncertain rewards on crowdfunding platforms：the case of the lottery[J]. Information Systems Research，2021，32（1）：115-129.

[32] Puro L，Teich J E，Wallenius H，et al. Bidding strategies for real-life small loan auctions[J]. Decision Support Systems，2011，51（1）：31-41.

[33] 毕功兵，杨云绅，梁樑. 策略延迟下众筹项目的定价和激励决策[J]. 中国管理科学，2019，27（11）：1-10.

[34] Liu D，Brass D J，Lu Y，et al. Friendships in online peer-to-peer lending：pipes，prisms，and relational herding[J]. MIS Quarterly，2015，39（3）：729-742.

[35] Kim K，Viswanathan S. The experts in the crowd：the role of experienced investors in a crowdfunding market[J]. MIS Quarterly，2019，43（2）：347-372.

[36] Lin M F，Viswanathan S. Home bias in online investments：an empirical study of an online crowdfunding market[J]. Management Science，2015，62（5）：1393-1414.

[37] Burtch G，Ghose A，Wattal S. An empirical examination of the antecedents and consequences of contribution patterns in crowd-funded markets[J]. Information Systems Research，2013，24（3）：499-519.

[38] Zhang J J，Liu P. Rational herding in microloan markets[J]. Management Science，2012，58（5）：892-912.

[39] 刘志迎，彭宝安. 奖励型众筹中投资者存在羊群行为吗?——一个实证研究[J]. 科学学与科学技术管理，2018，39（6）：49-57.

[40] Chen N，Ghosh A，Lambert N S. Auctions for social lending：a theoretical analysis[J]. Games and Economic Behavior，2014，86：367-391.

[41] Wei Z Y，Lin M F. Market mechanisms in online peer-to-peer lending[J]. Management Science，2016，63（12）：4236-4257.

[42] Greiner M E，Wang H. Building consumer-to-consumer trust in e-finance marketplaces：an empirical analysis[J]. International Journal of Electronic Commerce，2010，15（2）：105-136.

[43] Hildebrand T，Puri M，Rocholl J. Adverse incentives in crowdfunding[J]. Management Science，2016，63（3）：587-608.

[44] Butler A W，Cornaggia J，Gurun U G. Do local capital market conditions affect consumers' borrowing decisions?[J]. Management Science，2016，63（12）：4175-4187.

[45] Ramcharan R，Crowe C. The impact of house prices on consumer credit：evidence from an internet bank[J]. Journal of Money，Credit and Banking，2013，45（6）：1085-1115.

[46] 郑志来. P2P 网络借贷平台发展模式及对商业银行影响研究[J]. 西南金融，2015，（7）：53-56.

[47] 宋鹏程，吴志国，赵京. 投融资效率与投资者保护的平衡：P2P 借贷平台监管模式研究[J]. 金融理论与实践，2014，（1）：33-38.

[48] 李雪静. 国外 P2P 网络借贷平台的监管及对我国的启示[J]. 金融理论与实践，2013，（7）：101-104.

[49] 胡吉祥，吴颖萌. 众筹融资的发展及监管[J]. 证券市场导报，2013，（12）：60-65.

[50] 柴珂楠，蔡荣成. 美国 P2P 网络借贷监管模式的发展状况及对中国的启示[J]. 西南金融，2014，（7）：65-69.

[51] Bikhchandani S，Hirshleifer D，Welch I. A theory of fads，fashion，custom，and cultural change as informational cascades[J]. Journal of Political Economy，1992，100（5）：992-1026.

[52] Garg R，Smith M D，Telang R. Measuring information diffusion in an online community[J]. Journal of Management Information Systems，2011，28（2）：11-37.

[53] Thies F，Wessel M，Benlian A. Effects of social interaction dynamics on platforms[J]. Journal of Management Information Systems，2016，33（3）：843-873.

[54] Scharfstein D S，Stein J C. Herd behavior and investment[J]. The American Economic Review，1990，80（3）：465-479.

[55] Banerjee A V. A simple model of herding behavior[J]. Quarterly Journal of Economics，1992，107（3）：797-817.

[56] Bursztyn L，Ederer F，Ferman B，et al. Understanding mechanisms underlying peer effects：evidence from a field experiment on financial decisions[J]. Econometrica，2014，82（4）：1273-1301.

[57] Welch I. Sequential sales，learning，and cascades[J]. The Journal of Finance，1992，47（2）：695-732.

[58] Welch I. Herding among security analysts[J]. Journal of Financial Economics，2000，58（3）：369-396.

[59] Cont R，Bouchaud J P. Herd behavior and aggregate fluctuations in financial markets[J]. Macroeconomic Dynamics，2000，4：170-196.

[60] Walden E，Browne G. Information cascades in the adoption of new technology[C]. Barcelona：Proceedings of the 23th International Conference on Information Systems，2002：435-443.

[61] Duan W J，Gu B，Whinston A B. Informational cascades and software adoption on the internet：an empirical investigation[J]. MIS Quarterly，2009，33（1）：23-48.

[62] Chen Y F. Herd behavior in purchasing books online[J]. Computers in Human Behavior，2008，24（5）：1977-1992.

[63] Simonsohn U，Ariely D. When rational sellers face nonrational buyers：evidence from herding on eBay[J]. Management Science，2008，54（9）：1624-1637.

[64] Lee Y J，Hosanagar K，Tan Y. Do I follow my friends or the crowd? Information cascades in online movie ratings[J]. Management Science，2015，61（9）：2241-2258.

[65] 陈冬宇，郑海超. 我国 P2P 网贷市场的羊群行为及其决策理性研究[J]. 管理评论，2017，29（1）：3-11.

[66] Lee E，Lee B. Herding behavior in online P2P lending：an empirical investigation[J]. Electronic Commerce Research and Applications，2012，11（5）：495-503.

[67] Luo B J，Lin Z X. A decision tree model for herd behavior and empirical evidence from the online P2P lending market[J]. Information Systems and e-Business Management，2013，11：141-160.

[68] 曾江洪，杨帅. P2P 借贷出借人的羊群行为及其理性检验——基于拍拍贷的实证研究[J]. 现代财经（天津财经大学学报），2014，34（7）：22-32.

[69] Pan Y H. The determinants and impact of executive-firm matches[J]. Management Science，2015，63（1）：185-200.

[70] Roth A E，Peranson E. The redesign of the matching market for american physicians：some engineering aspects of economic design[J]. The American Economic Review，1999，89（4）：748-780.

[71] Wu C H. Matching value and market design in online advertising networks：an empirical analysis[J]. Marketing Science，2015，34（6）：906-921.

[72] Manski C F. Maximum score estimation of the stochastic utility model of choice[J]. Journal of

Econometrics，1975，3（3）：205-228.

[73] Fox J T. Estimating matching games with transfers[J]. Quantitative Economics，2018，9：1-38.

[74] Fox J T. Identification in matching games[J]. Quantitative Economics，2010，1（2）：203-254.

[75] Fox J T. Structural empirical work using matching models[J/OL]. [2022-04-09]. http://fox.web.rice.edu/published-papers/structural_empirical_work_u.pdf.

[76] Chen J W，Song K J. Two-Sided matching in the loan market[J]. International Journal of Industrial Organization，2013，31（2）：145-152.

[77] Yang Y P，Goldfarb A. Banning controversial sponsors：understanding equilibrium outcomes when sports sponsorships are viewed as two-sided matches[J]. Journal of Marketing Research，2015，52（5）：593-615.

[78] Gale D，Shapley L S. College admissions and the stability of marriage[J]. The American Mathematical Monthly，1962，69（1）：9-15.

[79] Sørensen M. How smart is smart money? A two-sided matching model of venture capital[J]. The Journal of Finance，2007，62（6）：2725-2762.

[80] Yang Y P，Shi M Z，Goldfarb A. Estimating the value of brand alliances in professional team sports[J]. Marketing Science，2009，28（6）：1095-1111.

[81] 张正平，胡夏露. 网络借贷平台的发展：文献述评[J]. 华东经济管理，2013，27（9）：159-164.

[82] 管同伟. 金融科技概论[M]. 北京：中国金融出版社，2020：1-29.

[83] Sironi P. FinTech Innovation：From Robo-Advisors to Goal Based Investing and Gamification[M]. Chichester：Wiley，2016：3-17.

[84] 谢平，邹传伟. 互联网金融模式研究[J]. 金融研究，2012，（12）：11-22.

[85] 中国人民银行金融稳定分析小组. 中国金融稳定报告（2014）[R]. 北京：中国金融出版社，2014：1-205.

[86] 贲圣林，张瑞东. 互联网金融理论与实务[M]. 北京：清华大学出版社，2017：1-12.

[87] 李文红，蒋则沈. 金融科技（FinTech）发展与监管：一个监管者的视角[J]. 金融监管研究，2017，（3）：1-13.

[88] Ahlers G K，Cumming D，Günther C，et al. Signaling in equity crowdfunding[J]. Entrepreneurship Theory and Practice，2015，39（4）：955-980.

[89] Belleflamme P，Lambert T，Schwienbacher A. Crowdfunding：tapping the right crowd[J]. Journal of Business Venturing，2014，29（5）：585-609.

[90] Akerlof G A. The market for "lemons"：quality uncertainty and the market mechanism[J]. The Quarterly Journal of Economics，1970，84（3）：488-500.

[91] Spence M. Job market signaling[J]. The Quarterly Journal of Economics，1973，87（3）：355-374.

[92] Rothschild M，Stiglitz J. Equilibrium in competitive insurance markets：an essay on the economics of imperfect information[J]. The Quarterly Journal of Economics，1976，90（4）：629-649.

[93] Stiglitz J E. The theory of "screening，" education，and the distribution of income[J]. The American Economic Review，1975，65（3）：283-300.

[94] Stiglitz J E，Weiss A. Credit rationing in markets with imperfect information[J]. The American

Economic Review，1981，71（3）：393-410.

[95] Simon H A. Models of Bounded Rationality：Empirically Grounded Economic Reason[M]. Cambriage：The MIT press，1997.

[96] Simon H A. Bounded Rationality[M]//Eatwell J，Milgate M，Newman P. Utility and Probability. London：Palgrave Macmillan，1990：15-18.

[97] Kahneman D. Attention and Effort[M]. Englewood Cliffs：Prentice-Hall，1973.

[98] Hirshleifer D，Lim S S，Teoh S H. Driven to distraction：extraneous events and underreaction to earnings news[J]. The Journal of Finance，2009，64（5）：2289-2325.

[99] Devenow A，Welch I. Rational herding in financial economics[J]. European Economic Review，1996，40（3/4/5）：603-615.

[100] Bikhchandani S，Hirshleifer D，Welch I. Learning from the behavior of others：conformity，fads，and informational cascades[J]. Journal of Economic Perspectives，1998，12（3）：151-170.

[101] Cai H B，Chen Y Y，Fang H M. Observational learning：evidence from a randomized natural field experiment[J]. American Economic Review，2009，99（3）：864-882.

[102] Zhang J J. Observational Learning：The Sound of Silence[M]//Seel N M.Encyclopedia of the Sciences of Learning. Boston：Springer US，2012：2493-2496.

[103] Jones E E. Attribution：Perceiving the Causes of Behavior[M]. Morristown：General Learning Press，1972.

[104] Taylor S E，Fiske S T. Point of view and perceptions of causality[J]. Journal of Personality and Social Psychology，1975，32（3）：439-445.

[105] Simon H A. A behavioral model of rational choice[J]. The Quarterly Journal of Economics，1955，69（1）：99-118.

[106] Campbell D，Loumioti M，Wittenberg-Moerman R. Making sense of soft information：interpretation bias and loan quality[J]. Journal of Accounting and Economics，2019，68（2/3）：101240.

[107] Ho Y C，Wu J J，Tan Y. Disconfirmation effect on online rating behavior：a structural model[J]. Information Systems Research，2017，28（3）：626-642.

[108] Moe W W，Schweidel D A. Online product opinions：incidence，evaluation，and evolution[J]. Marketing Science，2012，31（3）：372-386.

[109] Gelman A，Hill J. Data Analysis Using Regression and Multilevel/Hierarchical Models[M]. New York：Cambridge University Press，2006.

[110] Deb P，Trivedi P K. Demand for medical care by the elderly：a finite mixture approach[J]. Journal of Applied Econometrics，1997，12（3）：313-336.

[111] Cameron A C，Trivedi P K. Supplement to Microeconometrics：Methods and Applications[M]. New York：Cambridge University Press，2005：611-637.

[112] Rosenbaum P R，Rubin D B. The central role of the propensity score in observational studies for causal effects[J]. Biometrika，1983，70（1）：41-55.

[113] Stuart E A，Rubin D B. Best Practices in Quasi-experimental Designs：Matching Methods for Causal Inference，Best Practices in Quantitative Methods[M]//Osborne J. Best Practices in Quantitative Social Science. Thousand Oaks：Sage，2008：155-176.

[114] Koenker R，Bassett G. Regression quantiles[J]. Econometrica，1978，46：33-50.
[115] Belleflamme P，Omrani N，Peitz M. The economics of crowdfunding platforms[J]. Information Economics and Policy，2015，33：11-28.
[116] Wooldridge J M. Econometric analysis of cross section and panel data[M]. Cambriage：The MIT Press，2001.
[117] Baumeister R F，Hutton D G. Self-Presentation Theory：Self-Construction and Audience Pleasing，Theories of Group Behavior[M]//Mullen B，Goethals G R. Theories of Group Behavior. New York：Springer，1987：71-87.
[118] Hass R G. Effects of Source Characteristics on Cognitive Responses in Persuasion，Cognitive Responses in Persuasion[M]//Petty R，Ostrom T M，Brock T C. Cognitive Responses in Persuasion. New York：Psychology Press，1981：141-172.
[119] Kruglanski A W，Pierro A，Mannetti L，et al. Groups as epistemic providers：need for closure and the unfolding of group-centrism[J]. Psychological Review，2006，113（1）：84-100.
[120] Wagenknecht T，Teubner T，Weinhardt C. The impact of anonymity on communication persuasiveness in online participation[C]. Dublin：International Conference on Information Systems，2016.
[121] Burtch G，Ghose A，Wattal S. Secret admirers：an empirical examination of information hiding and contribution dynamics in online crowdfunding[J]. Information Systems Research，2016，27（3）：478-496.
[122] Pritchard J. How to make financial transactions as anonymous as possible[EB/OL]. [2020-2-21]. https://www.thebalance.com/how-to-make-payments-and-bank-anonymously-315816.
[123] van Kleef G A，Wanders F，Stamkou E，et al. The social dynamics of breaking the rules：antecedents and consequences of norm-violating behavior[J]. Current Opinion in Psychology，2015，6：25-31.
[124] Zhang J J. The sound of silence：observational learning in the U.S. kidney market[J]. Marketing Science，2010，29（2）：315-335.
[125] Tucker C，Zhang J J. How does popularity information affect choices? A field experiment[J]. Management Science，2011，57（5）：828-842.
[126] Petty R E，Cacioppo J T，Schumann D. Central and peripheral routes to advertising effectiveness：the moderating role of involvement[J]. Journal of Consumer Research，1983，10（2）：135-146.
[127] Hovland C I，Janis I L，Kelley H H. Communication and Persuasion：Psychological Studies of Opinion Change[M]. New Haven：Yale University Press，1953.
[128] Ohanian R. Construction and validation of a scale to measure celebrity endorsers' perceived expertise，trustworthiness，and attractiveness[J]. Journal of Advertising，1990，19（3）：39-52.
[129] Forman C，Ghose A，Wiesenfeld B. Examining the relationship between reviews and sales：the role of reviewer identity disclosure in electronic markets[J]. Information Systems Research，2008，19（3）：291-313.
[130] Ma M，Agarwal R. Through a glass darkly：information technology design，identity verification，and knowledge contribution in online communities[J]. Information Systems Research，2007，18（1）：42-67.

[131] Rains S A. The anonymity effect：the influence of anonymity on perceptions of sources and information on health websites[J]. Journal of Applied Communication Research，2007，35（2）：197-214.

[132] Rains S A. The impact of anonymity on perceptions of source credibility and influence in computer-mediated group communication：a test of two competing hypotheses[J]. Communication Research，2007，34（1）：100-125.

[133] Hite D M，Voelker T A，Robertson A. Measuring Perceived anonymity：the development of a context independent instrument[J]. Journal of Methods Measurement in the Social Sciences，2014，5（1）：22-39.

[134] Postmes T，Spears R. Deindividuation and antinormative behavior：a meta-analysis[J]. Psychological Bulletin，1998，123（3）：238-259.

[135] Marx G T. What's in a name? Some reflections on the sociology of anonymity[J]. The Information Society，1999，15（2）：99-112.

[136] Racherla P，Friske W. Perceived "usefulness" of online consumer reviews：an exploratory investigation across three services categories[J]. Electronic Commerce Research and Applications，2012，11（6）：548-559.

[137] Gneezy A，Gneezy U，Riener G，et al. Pay-what-you-want，identity，and self-signaling in markets[J]. Proceedings of the National Academy of Sciences，2012，109（19）：7236-7240.

[138] Helweg-Larsen M，LoMonaco B L. Queuing among U2 fans：reactions to social norm violations[J]. Journal of Applied Social Psychology，2008，38（9）：2378-2393.

[139] Hennig-Thurau T，Gwinner K P，Walsh G，et al. Electronic word-of-mouth via consumer-opinion platforms：what motivates consumers to articulate themselves on the internet?[J]. Journal of Interactive Marketing，2004，18（1）：38-52.

[140] Jiang Z H，Heng C S，Choi B C F. Research note：privacy concerns and privacy-protective behavior in synchronous online social interactions[J]. Information Systems Research，2013，24（3）：579-595.

[141] Tsikerdekis M. The choice of complete anonymity versus pseudonymity for aggression online[J]. eMinds International Journal on Human-Computer Interaction，2012，2（8）：35-57.

[142] Bonhomme S，Manresa E. Grouped patterns of heterogeneity in panel data[J]. Econometrica，2015，83（3）：1147-1184.

[143] Su L J，Shi Z T，Phillips P C B. Identifying latent structures in panel data[J]. Econometrica，2016，84（6）：2215-2264.

[144] Hsiao C. Analysis of Panel Data[M]. 3rd Edition. Cambridge：Cambridge University Press，2014.

[145] Rasbash J，Browne W J Non-Hierarchical Multilevel Models [M]//de Leeuw J，Meijer E. Handbook of Multilevel Analysis，New York：Springer，2008：301-334.

[146] Mindruta D，Moeen M，Agarwal R. A two-sided matching approach for partner selection and assessing complementarities in partners' attributes in inter-firm alliances[J]. Strategic Management Journal，2016，37（1）：206-231.

[147] Hitsch G J，Hortaçsu A，Ariely D. Matching and sorting in online dating[J]. American

Economic Review，2010，100（1）：130-163.
[148] Akkus O，Cookson J A，Hortaçsu A. The determinants of bank mergers：a revealed preference analysis[J]. Management Science，2015，62（8）：2241-2258.
[149] Agarwal N. An empirical model of the medical match[J]. American Economic Review，2015，105（7）：1939-1978.
[150] Roth A，Sotomayor M. Two-Sided Matching[M]// Handbook of Game Theory with Economic Applications. North Holland：Elsevier，1992，1：485-541.
[151] Michels J. Do unverifiable disclosures matter? Evidence from peer-to-peer lending[J]. The Accounting Review，2012，87（4）：1385-1413.
[152] Fox J T. Semiparametric estimation of multinomial discrete-choice models using a subset of choices[J]. The RAND Journal of Economics，2007，38（4）：1002-1019.
[153] Storn R，Price K. Differential evolution—a simple and efficient heuristic for global optimization over continuous spaces[J]. Journal of Global Optimization，1997，11：341-359.
[154] Lee Y W，ChenS H，Yu T. Analysis of the impact of collateral on peer-to-peer lending[C]. 2017 IEEE/SICE International Symposium on System Integration（SII）. Taipei：IEEE，2017：77-82.
[155] Feng E. Chinese government faces peer-to-peer lending scandals dilemma[EB/OL]. [2019-03-09]. https://www.ft.com/content/c71eea4a-c198-11e8-84cd-9e601db069b8.
[156] Kim K，Hann I H. Crowdfunding and the democratization of access to capital—an illusion? Evidence from housing prices[J]. Information Systems Research，2019，30（1）：276-290.
[157] Hornuf L，Neuenkirch M. Pricing shares in equity crowdfunding[J]. Small Business Economics，2017，48：795-811.
[158] Burtch G，Hong Y L，Liu D. The role of provision points in online crowdfunding[J]. Journal of Management Information Systems，2018，35（1）：117-144.
[159] Li Z X，Duan J A，Ransbotham S. Coordination and dynamic promotion strategies in crowdfunding with network externalities[J]. Production and Operations Management，2020，29（4）：1032-1049.
[160] Staats B R，Kc D S，Gino F. Maintaining beliefs in the face of negative news：the moderating role of experience[J]. Management Science，2018，64（2）：804-824.
[161] Stuart E A. Matching methods for causal inference：a review and a look forward[J]. Statistical Science，2010，25（1）：1-21.
[162] Rubin D B. Using propensity scores to help design observational studies：application to the tobacco litigation[J]. Health Services and Outcomes Research Methodology，2001，2：169-188.
[163] Kuppuswamy V，Bayus B L. Crowdfunding Creative ideas：the Dynamics of Project Backers in Kickstarter[M]// Cumming D，Hornuf L. The Economics of Crowdfunding：Startups，Portals and Investor Behavior. Cham：Palgrave Macmillan，2018：151-182.
[164] Ariely D，Simonson I. Buying，bidding，playing，or competing? Value assessment and decision dynamics in online auctions[J]. Journal of Consumer Psychology，2003，13（1/2）：113-123.
[165] Ramasubbu N，Kemerer C F. Technical debt and the reliability of enterprise software systems：a competing risks analysis[J]. Management Science，2015，62（5）：1487-1510.
[166] Joseph D，Ang S，Slaughter S A. Turnover or turnaway? Competing risks analysis of male and

female IT professionals' job mobility and relative pay gap[J]. Information Systems Research，2015，26（1）：145-164.

[167] Mithas S，KrishnanM S. From association to causation via a potential outcomes approach[J]. Information Systems Research，2008，20（2）：295-313.

[168] Ransbotham S，Lurie N H，Liu H J. Creation and consumption of mobile word of mouth：how are mobile reviews different?[J]. Marketing Science，2019，38（5）：773-792.

[169] Stuart E A，Lalongo N S. Matching methods for selection of participants for follow-up[J]. Multivariate Behavioral Research，2010，45（4）：746-765.

[170] Cochran W G，Rubin D B. Controlling bias in observational studies：a review[J]. Sankhyā：The Indian Journal of Statistics，Series A（1961-2002），1973，35（4）：417-446.

[171] Hainmueller J. Entropy balancing for causal effects：a multivariate reweighting method to produce balanced samples in observational studies[J]. Political Analysis，2012，20（1）：25-46.

[172] Hougaard P. Survival models for heterogeneous populations derived from stable distributions[J]. Biometrika，1986，73（2）：387-396.

[173] Vaupel J W，Manton K G，Stallard E. The impact of heterogeneity in individual frailty on the dynamics of mortality[J]. Demography，1979，16：439-454.

[174] Cox D R. Regression models and life-tables[J]. Journal of the Royal Statistical Society：Series B（Methodological），1972，34（2）：187-202.